유리멘탈을 위한 마음의 기술

사소한 일에도 쉽게 흔들리는 당신에게

유리 멘탈을 위한 마음의 기술

권예진 지음

들어가는 글

◊

　상담을 받으러 온 내담자들은 대부분 구멍 난 인생을 기우고 또 기우다 지쳐서 온 사람들이었다. 모두 현실로 인해 지쳐 있으면서도 벗어날 수 없었다. 먹고살기 위해 새벽 별을 보며 출근하는 강철 직장인, 허리 펼 새도 없이 온종일 쓸고, 닦고, 치우기를 반복하는 강철 주부, 스펙을 쌓기 위해 고군분투하는 강철 취준생, 경기 침체 속에서도 어떻게든 사업장을 지켜 내려는 강철 자영업자, 그 밖에도 금이 간 멘탈로 어떻게든 살아 보려는 가지각색의 강철 인간들이었다. 그들에게는 유리와 같은 멘탈이 아니라 거센 풍파에도 부서지지 않는 단단한 마음, 휘어졌다가도 이내 제 모습으로 돌아오는 탄력적인 마음이 필요했다.

때로는 작은 충격에도 마음 전체가 부서질 것처럼 연약한 사람들도 있었다. 그들은 현실을 마주할 자신이 없어서 스스로 만든 온실 속에만 꼭꼭 숨어 있었다. 이런 경우에는 누군가 온실 밖에서 세찬 비바람을 대신 맞고 견디며 온실이 무너지지 않도록 지켜 줘야 한다. 하지만 이러한 희생에도 불구하고 신기루와 같은 안락은 반드시 깨지고야 만다. 언제까지나 온실 속에 숨어 살 수는 없다. 어차피 마주해야 할 현실이라면 하루라도 빨리 마음을 굳게 먹어야 한다.

인정하든 인정하지 않든 간에 우리는 모두 현실에 속한 사람들이다. 그런 우리에게 필요한 건 현실에 걸맞은 마음이다. 현란하지만 허황된 위로나 조언은 현실에 도움이 되지 않는다. 그보다는 조금 씁쓸하고 따끔해도 사실을 있는 그대로 마주해야 한다. 얼마간 실망이 뒤따를 수도 있지만 회피와 냉소로 물러서지 말고 의젓하게 마음을 다잡아야 한다.

나 역시 현실에 푹 파묻혀 살아가고 있다. 4인 가족으로 북적이는 아담한 내 집은 온통 아이들의 흔적으로 얼룩덜룩

하다. 볼썽사납게 찢긴 벽지, 다치지 말라고 모서리마다 덕지덕지 붙여 둔 스펀지, 아무리 치워도 금세 장난감으로 뒤덮이고 마는 식탁 위를 보고 있자면 아름다움과는 정반대의 세계에서 살고 있는 기분이다. 이런 구질구질함조차 감사로 승화시킬 수 있다면 좋겠지만 나의 깜냥은 그리 훌륭하지 않다. 늘 피로를 느끼고, 자주 짜증이 올라오며, 어떨 때는 헌 집은 두꺼비한테나 주고 나는 새집으로 홀랑 갈아타고 싶다는 유치한 생각을 하기도 한다.

어느 모로 보나 우아하지 않은 인생을 처음부터 사랑했던 건 아니다. 하지만 적어도 나의 현실을 회피와 냉소가 아닌 진심으로 끌어안고 살면서 조금씩 성숙해진 것만은 분명하다. 그 과정에서 심리학은 나 자신과 타인과 세상을 이해하는 유용한 도구였다. 상담 현장에서도 심리학이 다양한 삶의 난제를 해결하는 데 꽤 쏠쏠하다는 사실을 목격할 수 있었다. 이제 유리처럼 깨지기 쉬운 마음을 품고 현실을 살아가는 당신에게도, 이 도구를 소개하려고 한다.

경험은 세상을 이해하는 렌즈이자 마음을 구성하는 재료이다. 이 책은 경험과 마음의 관계를 살펴봄으로써 멘탈을 건강하게 할 준비 운동을 한다. 그다음엔 안다고 생각하지만 실은 잘 모르는 영역인 감정, 유연한 마음의 자세를 형성하는 생각, 생생한 삶의 현장인 대인관계를 차례로 다룬다. 마지막 장에는 멘탈을 건강하게 가꾸기 위해 일상에서 실천할 수 있는 작은 습관들을 실었다. 책 전반에 등장하는 인물들은 모두 가상의 인물들이다. 독자의 이해를 돕기 위해 여러 사례에서 뽑아내어 새롭게 구성한 허구임을 밝힌다.

얼마 전에 한 내담자로부터 인상 깊은 말을 들었다. 서문에 실어도 될지 허락을 구하자 흔쾌히 응해 주셨다.

"선생님, 저는 제 인생이 마음에 드니까 잘 빨아 쓰고 싶어요."

비단결 같은 인생은 없다. 멀리서는 곱고 화려해 보여도 가까이에서 보면 여기저기 구멍이 숭숭 나 있다. 어쩌면 인생은 시작되는 순간부터 조금씩 누더기로 변해 가는 건지

도 모른다. 실망스럽지만 어쩌겠나, 있는 그대로의 사실인
것을. 다만 약간의 용기로 이 사실을 마주한다면 그때부터
는 기우고, 덧대고, 빨아서 쓰느라 너덜너덜해진 흔적이 짠
하고 대견하게 느껴질 것이다.

　　사는 게 지겹다는 것은 사람의 착각이다. 삶은 단 한 번
도 반복된 적이 없다. 오히려 우리는 매번 새로운 현실 앞에
서 당황하고 실수한다. 그러니 인생이 누더기가 되는 건 지
극히 당연하다. 이렇게 서툴지만 살아 보려 애썼던 생의 흔
적을 조금은 애정 어린 시선으로 바라봤으면 한다. 잘 빨아
쓰겠다는 마음으로, 함께 살아 보자.

　　　　　　　　　　　　　　　　　　　권예진

차례

4장   내가 먼저 나의 편이 되어 주는 관계 연습

5장   마음의 힘을 기르는 일상 습관

1장

처음부터
멘탈이 단단한 사람은 없다

누구나 마음속에
깨지기 쉬운 부분이 있다

　멘탈에 금이 가는 순간이 있다. 1년째 취업을 준비하고 있는 영희는 스물세 번째 서류 탈락 문자를 받은 그날이 그랬고, 신혼집을 알아보던 철수는 자기 예산으로는 원룸을 구하기도 빠듯하다는 사실을 알게 된 날이 그랬다. 월급 받기가 무섭게 절반씩 빠져나가는 대출 이자를 볼 때도, 멀쩡하던 아기가 밤중에 40도까지 열이 오를 때에도 그러했다. 그런 날에는 평소 야무지게 제 앞가림을 하던 이들도 영 딴사람이 된다. 지하철에서 터져 나오려는 눈물을 감추느라 애꿎은 천장만 노려보기도 하고, 초라함을 감추고자 도리어 화를 내기도 한다. 불안과 우울에 잠식당한 마음은 엉뚱한 결정을 내리게 만들고, 괜한 일을 트집 삼아 소중한 사람들의 마음에 생채기를 내기도 한다. 급박한 상황이 종료된 후에는 끝도 없는 자책의 시나리오가 펼쳐진다.

'나는 왜 이깟 일로 힘들어하는 걸까? 다들 꿋꿋하게 잘만 사는데 나만 왜 이럴까?'

이리저리 머리를 굴려 보지만 딱 맞아떨어지는 설명은 찾을 수가 없다. 그러다 도달한 결론은 결국 유리 멘탈. 마음이 약하디약한 유리라서 그렇다고 생각한다.

온몸이 강철로 된 사람이 있었다. 그는 튼튼한 두 다리로 높은 산을 뒷동산처럼 넘나들었고, 튼튼한 두 팔로 곰도 때려잡을 수 있었다. 하지만 강철 인간에게도 약점이 하나 있었으니 그건 바로 유리로 된 눈이었다. 그의 두 눈은 사소한 자극에도 충격을 받는 약하디 약한 유리로 이루어져 있었다. 어느 정도냐 하면, 알짱거리는 파리를 쫓으려던 친구의

손이 강철 인간의 눈에 살짝 스치자 그만 두 눈이 와장창 깨
져 버렸다. 당황한 친구가 황급히 사과했지만 이미 자존심
이 상해 버린 강철 인간은 벌겋게 달아오른 얼굴로 자리를
떴다. 한번 유리 눈이 깨지면 그걸 다 이어 붙일 때까지 그는
아무것도 할 수가 없었다. 강철 인간은 약하디 약한 제 모습
이 부끄러울 뿐이었다.

'덩칫값도 못 하는 인간, 한심해. 온몸이 강철이면 뭐하
냐? 살짝만 스쳐도 눈이 박살 나는데.'

그렇게 그의 멘탈도 함께 와르르 무너지고 말았다.

사람들은 모두 마음속에 깨지기 쉬운 부분을 갖고 있
다. 강철 인간의 유리 눈처럼 말이다. 아무리 강한 사람도 그
부분을 저격당하면 속수무책이 된다. 심리학에서는 개인의
취약성이 외부의 스트레스 요인과 만났을 때 다양한 정신적
어려움이 발생할 수 있다고 본다. 같은 스트레스를 받고도
사람마다 다양하게 반응하는 이유는 저마다 갖고 있는 취약

성이 달라서다. 어떤 이는 능력에 대한 지적을 받을 때 마음
이 무너지고, 또 다른 이는 외모에 관한 이야기를 들을 때 신
경이 곤두설 수 있다. 평소라면 허허 웃고 넘겼을 법한 말도
가장 약한 부분을 건드릴 땐 비수가 되어 마음에 꽂힌다.

자신을 멘탈이 약한 사람이라고 여긴다는 건 마음속에
서 취약한 부분이 건드려지고 있다는 뜻이다. 다행히도 약
한 부분이 어디인지 알면 그곳을 지키는 방법도 알 수 있다.
그리고 시간이 좀 걸리긴 하겠지만 점차 좋은 재료를 추가하
고 다듬어서 단단하게 만들어 갈 수도 있다. 그러니 이 책을
다 읽기 전까진 섣불리 자신을 판단하지 말자. 누구나 유리
멘탈이 되는 순간이 있을 뿐이다.

버튼이 눌리듯
유리 멘탈이 될 때 일어나는 일

민규 씨는 내성적이고 말주변이 별로 없는 편이었다. 게다가 사람들에게 주목받는 상황에서는 극도로 긴장해서 말을 약간 더듬기까지 했다. 이런 민규 씨가 제일 두려워하는 것은 남들 앞에서 발표하는 일이었다. 다 큰 남자가 양 볼이 시뻘겋게 달아올라서 버벅거리는 모습이 얼마나 우스꽝스러울지, 생각만 해도 끔찍했다. 그래서 가능하면 발표가 없는 수업만 골라 들었고, 어쩔 수 없이 발표해야 하는 상황이 되면 며칠씩 불면증과 악몽에 시달리기도 했다.

민규 씨는 발표 자료를 달달 외울 정도로 연습하고도 막상 사람들 앞에 서면 머리가 하얘졌다.

'다들 표정 변화가 없네. 발표가 지루한가?'
'저 사람은 지금 내 얼굴에 홍조를 보고 웃은 건가?'

발표가 끝난 후 준비하느라 애썼다는 교수님의 말씀에도 민규 씨의 기분은 좀처럼 나아지지 않았다. '얼마나 못했으면 격려까지 해 주시는 걸까?' 하는 생각에 당장이라도 강의실 밖으로 뛰쳐나가고 싶은 마음이 들었다. 자리로 돌아간 민규 씨는 한참 동안 고개를 들 수가 없었다.

컴컴한 터널 속으로 걸어 들어간다고 상상해 보자. 출구를 제외하고는 아무것도 보이지 않을 것이다. 시야가 좁아졌기 때문이다. 유리 멘탈이 되는 순간에도 비슷한 일이 일어난다. 시야가 좁아지면 마치 좁은 구멍을 통해 세상을 바라보는 것처럼 사건의 일면만 보인다. 이때 좁은 구멍을 통해 들어오는 정보들은 대부분 부정적인 쪽으로 치우치게 된다. 민규 씨의 경우 '발표는 망할 게 뻔하고 나는 웃음거리가 될 것'이라고 믿었다. 발표 불안이 없는 사람이 볼 때는 그다지 합리적이지 않지만 누구나 유리 멘탈이 되는 순간에는 생각의 타당성이나 논리 등을 검증할 여유가 없어진다. 그 결과 마음 깊은 곳에서 최악의 시나리오가 펼쳐지고 만다.

이때부터는 시나리오의 주제와 맞는 정보만 머릿속으로 들어온다. 사실 발표자인 민규 씨는 조명이 꺼져 있는 청중석을 자세히 볼 수가 없었다. 그 와중에 시선을 사로잡는 건 민규 씨의 생각과 비슷하게 맞아떨어지는, 무뚝뚝하고 시큰둥한 표정들이었을 것이다. 하지만 얼핏 본 표정만으로 타인의 심중을 정확히 파악할 수는 없다. 몇몇은 민규 씨의 짐작대로 발표에 큰 흥미를 느끼지 못했겠지만 다른 몇몇은 진지하게 듣느라 웃을 겨를이 없었을 수도 있다.

또 민규 씨는 발표 불안을 이기기 위해 남들보다 더 열심히 연습했다. 그 덕에 군더더기 없이 알찬 내용을 발표했을 가능성이 크다. 어쩌면 교수님께서는 발표자로서의 본분을 다한 점을 인정해 준 것 아니었을까?

우리는 경험을 납득하기 위해 가설을 세운다. 인생에는 그때마다 펼쳐 볼 수 있는 답안지가 없으니 얼추 들어맞는 듯한 가설로 경험을 이해할 수밖에 없다. 그런데 멘탈이 무너지면 가설이 균형을 잃는다. 그래서 흑백 논리적으로 판단하거나, 근거 없이 최악의 결과만을 예상하거나, 모든 잘못을 자기 탓으로 돌리는 등 생각의 실수를 저지르게 된다.

좁아질 대로 좁아진 시야로는 경험을 제대로 검토할 수가 없다. 그래서 자신이 미처 살피지 못한 측면, 일이 다른 식으로 전개되었을 가능성, 나와는 다른 관점 등을 간과하게 된다. 적어도 취약한 부분이 건드려지는 순간에는 우리 모두 편협한 사고에 빠진다. 편협한 사람이라서가 아니라 달리 생각할 여유가 없기 때문이다. 하지만 우리는 지금 컴컴한 터널 속에 들어와 있음을 기억해야 한다. 이 안에서는 바깥 풍경을 온전히 가늠할 수 없다.

상황은 엉망일지라도
당신은 엉망이 아니다

　임상 심리 전문가 수련을 위해 병원에 입사했을 당시, 나는 적응에 애를 먹었다. 익숙하지 않은 업무들을 꾸역꾸역 소화해내느라 평균 수면 시간은 서너 시간 남짓이었고, 극심한 월요병 때문에 일요일 밤이 되면 애처럼 울기도 했다. 그 무렵 나 자신을 천하의 바보 멍청이라고 믿어 의심치 않았다. 보고서에 수치를 틀리게 기입하는 수치스러운 실수도 했었고, 신발을 짝짝이로 신고 출근하는 도저히 이해하기 힘든 실수들을 저질렀다. 갑자기 집 현관 비밀번호를 까먹어서 문 앞에 우두커니 서 있던 날에는 조기 치매에 대해 진지하게 검색해 보기도 했다. 한없이 쪼그라드는 날들의 연속이었다. 제대로 할 줄 아는 게 하나도 없던 그 시절, 나의 자존감도 업무 능력만큼이나 바닥을 치고 있었다. 그러던 어느 날 한 선배로부터 이런 말을 들었다.

"선생님, 1년 차 때는 살아만 있어도 잘하는 거예요."

그래. 적어도 내가 살아는 있구나. 그 해 들은 말 중 가장 위로가 되는 말이었다.

새로운 환경에서 우리는 생존을 위해 고군분투한다. 뇌에서는 낯선 자극들을 입력하고 해석한 뒤 적절한 반응을 도출해내려고 모든 프로세스를 가동한다. 숱한 시행착오를 통해 살아남을 수 있는 최적의 전략을 찾아내야 한다. 그동안 외부로부터 쏟아지는 혹독한 피드백도 견뎌야 한다. 이러한 과정을 수없이 반복한 뒤에야 일이 손에 익고 환경도 익숙해진다. 드디어 적응한 것이다.

변화는 그 자체만으로 스트레스가 될 수 있다. 설사 그 일이 사랑하는 이와의 결혼처럼 긍정적인 사건이라고 해도 말이다. 남편과 아내, 사위와 며느리라는 새로운 역할을 이해하고 그에 맞는 언행 심사가 몸에 배기까지 시간이 필요하다. 게다가 이끌어 주는 선배 하나 없이 신참 둘이 그 어려운 일을 해내야 하니 서투름은 배가 된다. 적응하느라 잔뜩 피로해진 뇌는 연약한 유리가 되어 사소한 자극에도 깨질 수 있다. 마음이 단단할 때는 너그러이 넘겼을 일들도 눈에 거슬린다. 그래서 치약 짜는 방법이 다르다거나 양말을 빨래통에 넣지 않는다는 둥 시시콜콜한 이유로 부부싸움을 하게 된다.

어떤 이들은 좀 더 쉽게 적응하기도 한다. 호기심이 많은 사람은 새로운 상황이 주는 예측 불가함을 설렘으로 받아들인다. 반면 변화를 싫어하는 사람은 같은 자극을 불안으로 받아들일 수도 있다. 따라서 후자는 변화를 불쾌한 스트레스 자극으로 인식할 가능성이 높다.

스트레스는 익숙한 환경에서도 얼마든지 생겨난다. 변화무쌍하고 자극적인 일에 흥미를 느끼는 사람들은 단조롭고 반복적인 업무를 할 때 매너리즘에 빠질 수 있다. 긴장감보다 더 두려운 게 지루함인 이들은 안정적인 환경에서 이런 생각을 할지도 모른다.

'나는 왜 만족하지 못할까? 왜 이것도 못 참을까?'

묵묵히 제 할 일을 해내는 동료들에 비해 어쩐지 자신은 인내심이 부족한 사람이 된 것 같다.

사람은 대개 자신이 갖고 있는 자원에 비해 처리해야 할 일들이 많을 때 스트레스를 경험한다. 여기에서 자원이란 정서적 능력, 지적 능력, 사회적 기술과 같은 심리적인 요인들뿐 아니라 시간이나 체력과 같은 물리적인 것들도 포함한다. 몸이 안 좋을 때, 너무 바쁠 때, 자기 능력에 비해 지나치게 어렵고 많은 일을 하고 있을 때는 문제를 제대로 해결할 수가 없다.

타고난 기질의 역할도 중요하다. 기질이란 혈액형이나 눈동자의 색깔처럼 생물학적으로 타고나는 고유한 특성이다. 그 자체로는 좋을 것도 나쁠 것도 없지만 기질에 따라 쿵짝이 좀 더 잘 맞는 상황들은 있다. 예를 들어 사교적이고 개방적인 성향이라면 사람을 상대하거나 행사를 주관하는 일에 큰 부담을 느끼지 않을 것이다. 하지만 타인과 어느 정도 거리를 두어야 안심이 되는 사람이라면 혼자서 조용히 하는 일을 더 선호할 것이다. 쿵짝이 안 맞는 일들을 할 때는 상황에 맞춰 자신을 조율하는 데에 더 많은 에너지를 쏟게 된다. 그만큼 자기 마음을 돌보거나 다른 문제들을 처리할 만한 여력이 없는 취약한 상태라는 뜻이다. 이럴 땐 파리를 쫓는 가벼운 손짓에도 유리가 부서질 수 있다.

경험 끝에
마음에 남는 내용물이 중요하다

우리의 하루는 경험으로 가득 차 있다. 아침에 일어나 기지개를 켜는 것부터 하루 세끼를 챙겨 먹으며 일을 하다가 다시 잠자리에 들기까지 매 순간이 새로운 경험이다. 심지어는 자는 동안에도 우리의 경험은 멈추지 않는다. 꿈을 꾸기도 하고, 온종일 밀려 들어온 정보들 중 의미 있는 내용을 의식 깊은 곳에 저장하기도 한다. 어떤 날은 마치 사건들 속으로 빨려 들어가듯 헐레벌떡 움직이지만 어떤 날은 침대에서 빈둥거린 일 말고는 기억나는 게 없을 정도로 여백이 많다.

경험은 크게 세 단계로 나뉜다. 먼저 눈, 코, 입, 귀, 피부와 같은 감각 기관을 통해 외부 자극을 받아들이는 단계이다. 예를 들어 지금 손에 쥔 것을 입으로 가져가서 씹고, 뜯고, 맛보는 일이 여기에 해당한다. 둘째, 입력된 정보를 토대로 그 자극을 알아맞히는 단계이다. 치아로 전달되는 바삭한 식감 뒤에 짭조름하고 달짝지근한 육즙이 입안 가득 퍼지는 걸 보니 이것은 치킨이로구나. 마지막 단계에서는 그 정보에 대한 개인적인 해석과 느낌이 따라붙는다. 고기를 한입 베어 문 순간, 유난히 치킨을 좋아했던 전 연인이 갑자기 떠올라서 눈물이 핑 돌았다면? 치킨이란 자극이 외로움을 촉발한 슬픈 경험이 되겠다.

처음 두 단계는 객관적인 사실이라고 할 수 있다. 감각 기관에 큰 문제가 없다면 대개 입력되는 정보 그 자체는 거기서 거기고, 대상을 인식하는 데에도 별다른 이견이 없다. 그래서 어느 누구나 사람의 눈은 두 개요, 개의 다리는 네 개요. 장미꽃에서는 향이 나고, 벌에 쏘이면 아프고, 섭씨 40도는 엄청나게 덥다는 것에 동의한다. 이와 달리 세 번째 단계는 주관적이다. 앞에서 등장한 아무개 씨는 치킨을 먹고 외로움을 경험했지만 또 다른 이는 그저 치킨을 먹고 행복한 저녁을 보냈을 것이다. 이처럼 누가, 어떻게 받아들이느냐에 따라 같은 자극도 전혀 다른 경험이 된다.

경험이 중요한 이유는 마지막 단계 때문이다. 우리에게는 실제로 일어나는 객관적인 사실보다는 그 일을 겪으면서 마음에 남은 내용물이 더 중요하다. 다만 이 내용물은 지극히 개인적이고 눈에 보이지도 않기 때문에 자기의 마음속이라 해도 정확히 파악하기가 어렵다. 어떤 경험은 덩치가 크고 힘도 세서 일상 전체를 장악하기도 하고, 어떤 경험은 미풍처럼 우리 곁을 잠시 스쳐 가기도 한다.

한번 마음에 파고든 외로움은 쉽게 가시질 않는다. 가슴 한쪽에 구멍이 뚫린 듯 휑한 느낌이 들고, 생각도 자꾸만 안 좋은 쪽으로 흘러간다.

'앞으로도 좋은 사람을 만나지 못하면 어떡하지? 이제

나이도 있고 점점 새로운 인연을 만들기도 힘들 텐데. 이러
다 혼자 살게 되는 건가?'

이렇게 치킨 한 조각처럼 작은 단서 하나가 나비효과
를 일으켜 일상을 흔들어 놓는 것이다. 실체가 불분명한 경
험은 마치 유령처럼 마음속을 둥둥 떠다니다가 빈틈이 보이
는 순간 득달같이 달려들어 주도권을 낚아챈다. 주도권을
빼앗기면 우리의 멘탈은 경험이 휘두르는 대로 이리저리 끌
려다닐 수밖에 없다. 영문도 모른 채 외로움에 시달리며 애
꿎은 멘탈만 쥐어박게 되는 것이다.

"으이그. 아직도 과거에서 헤어 나오질 못하고. 왜 이렇
게 약해 빠졌니."

하지만 멘탈은 억울해하며 이렇게 외칠 것이다.

"내가 약해서가 아니야. 경험과의 거리 두기에 실패했
을 뿐이라고!"

'경험에서 한 발짝만 멀어지자'
돋보기형 유리 멘탈에게

주연 씨는 최근 모 부장과의 일 때문에 골머리를 앓고 있었다. 회사 복도에서 모 부장을 마주쳐서 인사를 했는데 그가 주연 씨를 못 본 체하고 지나친 것이다. 그날 내내 주연 씨는 업무에 집중할 수가 없었다. 모 부장의 의중을 파악하는 데 온 신경을 다 쏟았기 때문이다.

'저번에 부장님이 보낸 메일에 답장을 늦게 해서 찍힌 건가? 근데 평소에도 날 좀 못마땅해하셨어. 김 대리랑은 죽이 잘 맞는데 나랑은 농담도 잘 안 하시잖아. 뭐지? 대체 뭐

때문에 화가 나신 거지?'

　　다음 날부터 주연 씨는 부장님과 최대한 마주치지 않으려고 노력했다. 동선이 겹칠까 봐 엘리베이터 대신 계단을 이용했고, 점심시간에도 속이 안 좋다고 둘러대며 식사 자리를 피했다. 처음엔 모 부장만 신경이 쓰였는데 점점 다른 동료들의 시선도 거슬리기 시작했다. 주연 씨가 없는 자리에서 부장님의 비위를 맞추겠다고 다들 날 험담하는 건 아닐지. 주연 씨는 그런 생각을 하는 자신이 너무 소심하고 구질구질하게 느껴졌다. 그 일이 일어난 후로 주연 씨의 마음속에서는 많은 내용물이 발생했다. 부장의 행동에 대한 개인적인 평가와 해석, 부정적인 쪽으로 가지를 친 경우의 수, 타인의 시선에 대한 민감성, 의기소침함, 자괴감 등이 그것이었다. 이 내용물의 영향력이 너무 센 나머지 자기 생각과 느낌이 곧 객관적인 사실인 것처럼 느껴졌다.

　　주연 씨의 경우, 경험과의 거리가 너무 가깝다. 숲보다는 나무가 먼저 눈에 들어오고, 망원경이 아닌 돋보기로 세상을 바라본다. 말로 다 표현할 수 없는 그때의 미묘한 분위기, 상대의 어조, 표정의 변화, 상황적인 맥락까지 어느 하나 놓치지 않고 샅샅이 살핀다. 주연 씨는 이런 모습 덕에 대인 관계에서도 상대를 세심하게 배려할 줄 알고 일 처리도 꼼꼼한 편이다. 하지만 경험에 너무 가까이 서는 날엔, 마치 경험이 곧 자기 자신인 것처럼 둘 간의 경계가 허물어지고 만다. 누군가에게는 사소한 해프닝인 일도 주연 씨에게는 그렇지 않았다. 작은 단서 하나하나에 개인적인 의미를 부여하고 감정을 이입했다. 의미와 감정이 잔뜩 엉겨 붙은 경험은 무거워진다. 그래서 가벼이 넘길 수 없다.

돋보기로 코끼리의 다리를 관찰하면 다리털의 개수는 셀 수 있을지 몰라도 코끼리 전체의 모양을 볼 수는 없다. 코끼리가 어떻게 생긴지도 모르는 마당에 다리털이 몇 갠지는 알아서 무엇하리? 마찬가지로 경험에 너무 가까이 있으면 하나의 관점에만 파묻힌다. 모 부장은 그날 갑작스럽게 터진 일을 수습하느라 정신이 반쯤 나가 있어서 주연 씨의 인사에 화답하지 못했을 수도 있다. 아니면 모 부장도 인사를 하긴 했지만 너무 목소리가 작았거나 가벼운 목례여서 주연 씨가 알아차리기 힘들었을 수도 있다. 물론 정말로 주연 씨가 답장을 늦게 보냈다고 화가 난 모 부장이 의도적으로 인사를 무시했을 가능성도 코끼리 다리털만큼은 있겠지만.

우리는 하나의 경험을 다양한 각도에서 조망할 수 있다. 그중 사실에 좀 더 가까운 것도 있고 먼 것도 있을 것이다. 뭐가 정답인지 매번 다 알 수는 없다. 하지만 여러 개의 선택지를 갖고 있으면 경험을 좀 더 유연하게 받아들이는 여유가 생긴다. 오히려 복잡다단한 인간의 경험을 하나의 관점으로만 이해하겠다는 시도 자체가 명백한 오답일지도 모른다. 유난히 경험에 파묻혀서 허우적거리는 날엔 경험에서 딱 한 발짝만 물러나 보자. 손에 든 돋보기를 내려놓고 고개를 들어 더 높이, 더 멀리 시선을 보내자. 거대한 코끼리의 형상이 보일 때까지.

'경험이 보내는 신호를 주목하라'
망원경형 유리 멘탈에게

경험에서 멀찍이 물러나 있으면 모든 것이 다 괜찮아질까? 겨우 코끼리 한 마리가 아니라 코끼리 떼까지 다 보일 정도로 아주 먼 그곳에서 경험하면 우리의 멘탈은 안전할까? 앞서 경험과의 거리가 지나치게 가까웠던 주연 씨와는 달리 언제나 나무보다는 숲을 먼저 보고, 돋보기가 아닌 망원경을 들고 경험을 대하는 사람들이 있다. 같은 일을 겪어도 이들은 사건의 큼직한 윤곽을 먼저 포착하고 흐름을 읽는다. 디테일에 할애하는 시간이 비교적 적기 때문에 군더더기 없이 깔끔하고 신속하게 의사결정을 할 수 있다. 그래서 주변 사람들에게 대범하고 시원시원한 인상을 주기도 한다.

하지만 모든 일에는 장단점이 있는 법. 망원경을 든 사람들은 제 발 앞에 있는 작은 것들을 놓쳐서 곤란해질 때가 있다. 회사에서는 세부 사항을 꼼꼼하게 검토하지 못해서 자잘한 실수를 하고, 대인관계에서는 상대의 마음을 세심하게 읽지 못한 채 거칠게 반응한다. 그 사람을 붙잡고 지난번에 서운했던 일을 따질 계획이라면 큰 기대는 버리길 바란다. 아마도 이런 말을 듣게 될 테니까.

"엥? 내가 너한테 그런 말을 했다고?"

정말 몰랐다는 듯이 어리둥절한 표정일 것이다. 믿어도 좋다. 그에게는 정말 나쁜 의도가 없었을 것이다. 단지 당신의 미세한 표정 변화와 목소리의 떨림과 공기 중에 감도는 분위기 등을 망원경으로 읽어 내기에는 역부족이었을 뿐.

얼핏 보면 이들의 멘탈은 강한 것 같다. 작은 일에 일희일비하지 않고 자신의 길을 덤덤히 걸어가는 모습이 무소처럼 굳건해 보이기까지 한다. 사사로운 감정에 얽매이지 않고 웬만한 어려움은 훌훌 털어 버리는 것처럼 보이는데, 사실 그건 멘탈이 진짜 강한 것이 아니라 별로 느낀 바가 없어서, 털어 버릴 것도 없는 쪽에 더 가깝다.

하지만 경험과 너무 멀리 떨어져 있으면 경험을 과소평가하게 된다. 돋보기형과 반대로 디테일하게 생각하지 않고 대강대강 지나쳐 버리기에 경험에서 어떤 의미를 발견하거나 교훈을 얻기가 어렵다. 특히 존재감이 작다 못해 아예 눈에 보이지 않는 무형의 대상은 더욱 무시당하기 쉽다. 그래서 이들은 내면, 감정, 관계, 성찰, 실존과 같은 영역에서는 상대적으로 서투를 수 있다.

세상에 공짜는 없다. 그때그때 할 일을 미루면 언젠가 한꺼번에 연체료를 물어야 한다. 제아무리 무소와 같은 사람이라도 멘탈은 와르르 무너질 수 있다. 그동안 있었던 작은 균열의 신호들을 알아채지 못했다면 더욱 그렇다. 평생을 대장부처럼 거침없이 살아온 이가 한순간 직장을 잃었을 때, 심리니 우울이니 그런 건 다 배부른 소리라며 억척스럽게 돈만 쫓아온 이가 갑자기 중병으로 앓아누웠을 때, 자나 깨나 사업 생각에 가족은 안중에도 없던 이가 어느 날 이혼 통보를 받았을 때처럼 연습은커녕 생각도 해 본 적 없는 일들이기에 큰 두려움을 느낀다. 평소답지 않게 떨고 움츠러들고 눈물 흘리는 자기 모습이 당혹스럽기까지 하다. 주변 사람들에게도 무심한 편이었다면 기댈 곳도 마땅치 않을 수 있다. 서로 의존할 수 있는 관계는 한순간에 쌓아 올릴 수 없으니까.

경험과 너무 멀리 떨어져 있으면 미처 돌보지 못하는 부분들이 생긴다. 그리고 이것들은 결코 그냥 사라지지 않는다. 그대로 남아 있다가 인생에 어느 한 지점에서 산처럼 우뚝 솟아오른다. 그 산이 너무 높아 도저히 넘어설 수 없을 땐 뒤돌아서 도망치기도 한다.

현실에서
도망가고 싶은 마음이 든다면

멀리서 보면 희극이지만 가까이에서 보면 비극이라는 말이 있다. 속속들이 알고 나면 마냥 아름답지만은 않은 것이 인생이다. 그래서 우리는 때로 눈을 감아 버린다. 경험과 멀어지다 못해 현실을 아예 외면하고 싶어진다.

현수는 조용하고 수줍이 많았다. 상담 시간에 어떤 질문을 해도 개미만 한 목소리로 겨우 "네", "아니요" 정도로만 답했고 고개를 푹 숙이고 있어서 표정을 보기도 힘들었다. 어느 남자 고등학생들이 다 그렇지만 대화를 이끌어가는 데

애를 먹었다. 그런 현수가 유일하게 수다쟁이가 되는 주제가 있었는데, 그건 바로 게임이었다.

현수는 밤이 되면 방문을 걸어 잠그고 밤새 게임을 했다. 그러니 학교에서는 꾸벅꾸벅 졸고 성적도 점점 떨어질 수밖에 없었다. 현수의 상태는 종합 심리 평가에서도 고스란히 나타났다. 자기 능력에 대한 자신감이 거의 없었고 미래에 어떻게 살아야 하는지에 대해서도 불안해했다. 그러면서도 현실을 직시하려는 모습은 보이지 않았다.

스트레스를 받을 때마다 게임 속으로 도망쳤고 그 안에서 일시적인 위안을 얻었다. 게임 밖의 세상은 조금도 즐겁지 않았다. 그래서 반쯤 눈을 감은 채로 살았다. 컴퓨터를 할 수 없는 시간에는 책상 앞에 멍하니 앉아 있다가 밤에는 게임 속 세계를 탐색하고 정복했다. 하루 중 두 눈이 반짝이는 시간은 그때뿐이었다.

사람은 더 행복한 곳을 찾아가는 습성이 있는 듯하다. 지금 자신이 속해 있는 환경이 만족스럽지 않으면 자신의 무료함, 불만감, 패배감, 무망감을 한 방에 해결해 줄 수 있을 것만 같은 세계에 시선을 빼앗긴다. 현수에게는 게임이 바로 그런 세계였고, 누군가에게는 사행성 도박, 숏폼, SNS 등이 그러할 것이다. 이들을 사로잡은 세계는 〈헨젤과 그레텔〉의 과자 집처럼 달콤하다. 현실이 주지 못하는 재미, 성취감, 관계, 자신감을 배불리 먹여 준다. 하지만 다디달고 다디단 과자 집의 치명적인 한계는, 바로 이것이 가짜라는 점이다.

가짜 세상에서 맛보는 즐거움은 환각제와 같다. 당장에는 쾌감을 줄지 몰라도 일시적일 뿐이고, 쾌감이 사라진 자리에는 현실과의 괴리만이 덩그러니 남는다. 주인을 잃은 현실은 점차 엉망이 되어간다. 직장에선 맡은 일을 제때 처리하지 못해서 불이익을 받고, 학교에선 지각이 잦아지다가 아예 결석을 해 버린다. 가짜 세상과의 연결이 두터워질수록 진짜 세상과의 연결은 흐릿해진다. 하루에도 수백 개의 '좋아요'와 메시지가 오가지만 정작 실제 사람과 만나고 대화한 시간은 10분 남짓이다.

물론 세차고 혹독한 현실에서 잠시 비를 피할 곳은 필요하다. 밥 먹을 새도 없이 일만 하다가 퇴근한 날엔 휴양지에서 한가로이 음식을 먹는 예능 프로그램을 틀어놓고 머리를 식히고 싶다. 가끔은 예전에 참 좋았던 시절을 곱씹으며 위로를 받기도 한다. 약간의 희망이라도 쥐어짜기 위해 핑크빛 미래를 상상하며 자신을 독려할 때도 있다. 하지만 잠시 비를 피한 후에는 진짜 세상으로 돌아와야 한다.

현실을 외면하면 문제를 해결할 기회와도 멀어진다. 어디선가 슈퍼맨이 '짠' 하고 나타나 구원해 주기를 기대하거나 상황이 저절로 나아지기를 막연히 바라는 태도는 도움이 되지 않는다. 사람은 자기만이 가꿀 수 있는 밭을 가지고 태어난다. 그 밭은 누구도 대신 경작해 줄 수 없다. 손에 흙이 묻고 벌레에 까무러칠 때도 있겠지만 그래도 자기 밭에 씨를 뿌리고 물을 주는 일을 외면해선 안 된다.

깨지기 쉬운 마음이라도 괜찮다

'이제 난 어떻게 살아야 하지?'

조각난 유리 눈을 이어 붙이며 강철 인간은 생각했다. 무방비 상태로 돌아가자니 또다시 멘탈이 무너질까 봐 두려웠고, 그렇다고 저 멀리 언덕에서 코끼리 떼나 내려다보자니 그건 살아도 사는 게 아닐 것 같았다. 대체 어디쯤에 서야 할까? 어느 정도의 거리를 유지해야 경험에 잡아 먹히지도, 외면당하지도 않고 살 수 있을까?

경험과의 적정 거리를 찾기 어려운 이유는 경험을 다루는 일이 너무 익숙해서다. 적어도 이 글을 혼자 힘으로 읽어낼 정도의 나이라면 모두 경험 경력직이다. 세상에 태어난 순간부터 우리는 주변 환경을 인식하기 시작했다. 각종 감각 기관을 통해 받아들인 외부의 정보를 뇌로 전달하고 가공해서 소화하는 작업을 수도 없이 해 왔다. 그렇게 10년, 20년, 30년 이상을 살아왔으니 경험을 다루는 데 있어서는 숙련자라고 할 수 있다. 어떤 일이든 숙련되면 자동화되고, 자동화되면 색다른 방식을 도입하는 게 어려워진다. 그래서 쓰던 도구만 계속 쓰고 하던 방식으로만 계속 일한다. 만약 어려서부터 돋보기나 망원경을 쓰던 사람이라면 이제는 그것들이 전혀 이물감 없이 한 몸처럼 느껴질 것이다. 너무 익숙해서 결함을 발견하기가 어려워진다.

제아무리 경력직이라도 뜻밖의 일을 만나면 우왕좌왕할 수 있다. 돋보기형은 우르르 몰려오는 코끼리 떼 앞에서 무너졌을 테고, 망원경형은 정작 옆에 있는 애인의 표정은 보지 못할 때 당황했을 것이다. 낡은 옛 도구로는 더 이상 새로운 경험을 처리할 수 없는데도 너무 익숙해서 한 몸처럼 되어 버린 이것들을 내려놓을 수가 없다. 그래서 영문도 모른 채 고통을 당한다.

미리 말하자면, 당신이 이 책을 끝까지 다 읽는다 하더라도 인생에서 모든 고통이 사라지는 마법은 일어나지 않을 것이다. 섭섭해도 어쩔 수 없다. 다만 내가 해 줄 수 있는 일은 당신이 그 낡아 버린 익숙함에서 벗어날 수 있도록 돕는 것이다. 다 안다고 생각했지만 전혀 모르고 있던 감정에 대해서, 늘 그래 왔기에 해로운 줄 몰랐던 생각에 대해서, 이미 깊어졌기에 헤어 나올 수 없었던 대인관계에 대해서 낯선 시각을 던지려 한다. 단 하나의 관점에서 빠져나와 여러 각도로 감정과 생각과 대인관계를 바라볼 때 당신은 비로소 경험과의 적정 거리를 찾을 수 있을 것이다.

적정 거리에서는 멘탈을 안전하게 보호할 수 있다. 물론 살다 보면 멘탈이 흔들리고 깨지는 일들도 겪겠지만 적어도 안전거리를 확보한 정신은 완전히 무너지지 않는다. 유리와 같았던 멘탈이 이전보다 더 단단하고 유연하게 변화할 즈음 당신은 마음속 작은 정원을 발견할 것이다. 그 공간에서 인생을 의미 있게 하는 꿈, 가치, 성장, 관계 등을 맘껏 싹 틔울 것이다. 이 책의 말미에는 정신이란 공간을 쾌적하게 유지할 수 있는 작지만 강력한 습관들도 소개하려 한다.

강철 인간은 두 발로 땅을 딛고 일어섰다. 돋보기와 망원경에 의존하지 않고 오롯이 자기 눈으로 세상을 보고 싶었다. 비록 파편을 이어 붙인 자국이 덕지덕지 남긴 했지만, 아직은 연약해서 와장창 깨져 버릴 수도 있지만 그래도 이게 나니까. 나로 잘 살아 보고 싶었다. 자, 이제 당신 차례이다. 깨지기 쉬운 마음이라도 괜찮다. 그럼에도 다시 살아 보겠다는 약간의 용기만 있으면 충분하다. 나와 함께 가자. 두 발로 서서 두 눈으로 보며, 살아 보자.

2장

유리 멘탈을 만드는
감정의 고리 끊기

세상에 나쁜 감정은 없다

의식하든 의식하지 않든 사람은 누구나 감정에 대해 이야기한다. 기쁨, 슬픔, 놀람, 불안, 분노와 같은 정서를 직접적으로 언급하기도 하고, 부릅뜬 두 눈이나 목소리의 떨림 등에 감정을 실어 보내기도 한다. 우리가 매일 마주하는 거의 모든 일의 밑바탕에는 감정이 있다. 그만큼 익숙하기에 누구나 감정에 대해서라면 '좀 안다'고 생각한다.

하지만 익숙함이라는 함정에 빠져서 오히려 모르게 되는 것이 또 감정이다. 우리는 마음에서 일어나는 모든 일을 감정과 동일시하기도 하고, 감정을 인생에서 없어져야 할 것으로 규정하기도 한다. 자기가 무엇을 느끼는지도 모른 채 힘들어하는 사람들도 많다. 이렇게 무지에서 비롯한 오해로 인해 감정은 '방해꾼'이란 오명을 쓰게 되는데, 그때부터 감정은 보란듯이 방해꾼 노릇을 자처하며 멘탈을 와장창 부수는 데에 앞장선다. 그 결과, 감정으로 인해 우리는 정말 유리 멘탈이 되고 만다. 감정의 폭정을 멈추려면 그의 억울함부터 풀어 주어야 한다. 이제부터 감정에 대한 오해와 진실을 밝혀 보자. 오명을 씻은 감정이 해낼 멋진 역할을 기대해도 좋다. 2장의 후반부에서는 일상에서 자주 겪는 감정들에 대한 실용적인 대처법도 소개할 예정이다.

감정에 대한 첫 번째 오해는 '나쁜 감정'이라는 말에서 확인할 수 있다. 흔히 분노, 슬픔, 혐오, 불안 등이 그런 이름으로 불린다. 하지만 엄밀히 말해 감정은 가치 판단의 대상이 아니므로 '옳다 그르다, 좋다 나쁘다' 등의 가치를 매길 수가 없다. 특정 정서를 불러일으키는 자극이 있으면 그에 따른 느낌을 경험할 뿐이다. 위협을 당하면 공포를 느끼고, 부당한 대우를 받으면 분노를 느낀다. 소중한 것을 잃으면 슬픔이 나타나고, 종잡을 수 없는 미래 앞에서는 불안이 발동한다. 정서는 저마다 다른 목적과 기능이 있다. 자신의 역할에 맞는 일들이 벌어지면 그에 맞는 정서가 존재감을 드러낸다. 그럴 만한 상황에서 그럴 만한 감정이 나타날 뿐이다. 이런 측면에서 보면 감정에는 "좋다, 나쁘다"라는 말보단 "마땅하다"라는 말이 좀 더 어울리는 것 같다.

그런데 왜 어떤 감정은 나쁘게 느껴지는 걸까? 먼저 특정 감정들과 관련된 신체적 변화가 불편해서 그럴 수 있다. 슬픔이라는 감정은 몸을 축 처지게 하고 무거운 느낌을 준다. 불안할 때 손에서 땀이 나거나 근육이 긴장되는 느낌도 꽤 불편하다. 공포에 사로잡혔을 때는 심장 박동이 빨라지고 호흡이 가빠진다. 이러한 신체적 변화는 모두 편안하고 안정된 느낌과는 거리가 멀고, 그러므로 감정을 경험하는 주체로서는 불쾌하다고 받아들일 수 있다.

다음으로 감정을 둘러싼 상황이 부정적으로 경험되기도 한다. 우리는 악취를 맡으면 미간을 찌푸리며 몸을 뒤로 젖히는 반응을 하게 된다. 이런 반응을 하게 만드는 정서를 혐오라고 부른다. 물론 혐오는 상한 음식처럼 생존을 위협하는 것들로부터 사람을 보호하는 고마운 녀석이긴 하다만… 그렇다고 어떻게 악취를 사랑하겠나? 분노도 마찬가지다. 대개 분노가 발생하는 상황은 차별, 편애, 부조리 등과 관련이 있다. 그러니 분노라는 감정 자체는 아무 잘못이 없다 하더라도 분노와 한 세트로 묶여 다니는 상황은 좋은 기억으로 남기 어렵다. 이렇게 감정, 상황, 생각, 신체적 변화 등을 무 자르듯 딱 떨어지게 구분할 수 없다 보니 우리는 모든 불쾌한 경험을 '나쁜 감정'으로 퉁쳐 버린다.

어떤 감정을 나쁘다고 말하기 시작하면 여기에 불필요한 오해와 편견이 따라붙는다. 나쁜 것은 으레 없어져야 할 것으로 취급되기 마련이다. 낙인 찍힌 감정은 충분히 해소될 기회도 없이 무조건 억압되거나 까먹어 버리는 식으로 홀대를 당한다. 때로는 어렵고 무거운 감정을 비교적 만만

하고 쉬운 감정으로 포장하기도 한다. 그러나 이런 식으로
는 절대 감정을 제대로 처리할 수 없다. 소화되지 못한 감정
은 구천을 떠돌아다니는 귀신처럼 마음 곳곳을 이리저리 휘
적이며 문제를 일으킨다. 그러는 동안 감정을 제대로 다루
었더라면 누릴 수 있었던 좋은 기능들까지도 모두 사장되고
만다.

세상에 나쁜 감정은 없다. 그럴 만한 상황에서 그럴 만
한 감정이 나타날 뿐이다. 오히려 우리가 나쁘다고 부를 만
한 일은 감정과 좋은 관계를 맺지 못할 때 생긴다. 좀 불편
하고 어색하더라도 자신의 감정을 마땅하다고 인정해 보자.
충분히 인정받은 감정은 비로소 폭주를 멈추고 본래의 역할
을 찾을 것이다.

나쁜 과거는 과거일 뿐 지금은 다르다

여기에서 한 가지 궁금증이 생긴다. 과연 감정은 언제나 어디서나 마땅할까? 당시에는 적절한 감정이었어도, 세월이 흐르고 상황이 변한 후에는 사정이 달라질 수 있다. 그리고 더 이상 마땅치 않게 된 감정은 우리의 멘탈을 약하게만들 수 있다.

수영 씨의 아버지는 상당히 폭력적인 사람이었다. 수영씨는 어린 시절 내내 아버지에게 매를 맞을까 봐 벌벌 떨었다. 행여나 아버지의 심기를 거스를까 봐 현관에서 신발을 벗는 순간부터 바짝 긴장했고, 아버지 앞에만 서면 심장이 쿵쾅거리고 온몸에 힘이 들어갔다. 아버지의 말에는 어머니를 포함해서 가족 중 누구도 반기를 들지 못했다. 수영 씨도 집 밖에서는 말을 곧잘 하는 아이였지만 아버지 앞에서만큼은 입이 얼어붙었다. 찍소리라도 냈다가는 말대꾸한다고 몇 배로 얻어맞았기 때문이다.

세월이 흘러 아이는 어엿한 성인이 되었고, 사랑하는 사람을 만나 결혼을 했다. 남편은 좀 무뚝뚝하긴 했지만 폭력적인 사람은 아니었다. 그런데 수영 씨는 남편과 대화하는 일이 너무 부담스러웠다. 다른 사람들과의 소통은 전혀 문제가 없었는데 희한하게도 남편과 대화할 때는 머리가 하얘졌다.

부부가 상의해야 할 일은 무척 많다. 소소하게는 휴가지 선정부터 크게는 자녀 계획까지, 주제도 천차만별이다. 그런데 남편이 자신과 조금이라도 다른 의견을 내면 수영 씨의 마음은 확 무너져 내렸다. 남편을 도저히 설득할 수 없을 것 같아서 말문을 닫고 방으로 들어가 버리기 일쑤였고, 심장이 쿵쾅거리는 불안이 사라질 때까지 아무 일도 할 수 없었다. 처음에는 남편도 그런 수영 씨를 안심시키며 위로했지만 자꾸만 이런 일이 반복되자 유약한 아내를 대하는 일에 점차 지쳐갔다.

수영 씨가 어렸을 때 아버지 앞에서 느꼈던 두려움과 무력감은 마땅했다. 신변을 위협당하는 상황에서는 누구나 공포를 느낀다. 게다가 어리고 약한 아이는 공포의 대상을 거역하거나 도망치는 일을 상상할 수도 없다. 부모가 절대적인 의존대상이기 때문이다. 그래서 아무리 악한 부모라 해도 아이는 그 곁을 쉽게 떠날 수가 없다. 벗어날 수 없는 폭력 속에서 아이가 할 수 있는 일이라곤 무력하게 복종하는 것밖에 없다. 누구라도 그 상황에서는 그랬을 것이다.

오랫동안 폭력을 당해오며 익숙해진 두려움과 무력감은 새로운 환경에서도 어김없이 나타난다. 상황도, 사람도 바뀌었지만 감정은 바뀌지 않는다. 수영 씨가 그러하듯 더 이상 약한 아이가 아님에도, 남편은 아버지와 완전히 다른 존재임에도 감정은 어린 시절 그대로 남아 있는 것이다.

깊이 각인된 경험은 일종의 패턴을 만들어 낸다. 경험이 생애 초기에 일어난 것일수록, 오랜 기간에 걸쳐 반복된 것일수록 더욱 큰 영향력을 행사한다. 그래서 성인이 된 후에도 이전의 경험을 상기시킬 만한 일이 발생하면 그때의 정서, 생각, 대처 행동 등이 자동적으로 활성화된다. 문제는 그 패턴이 새로운 상황에 들어맞지 않다는 데 있다. 하지만 지금은 그때와 다르다. 상황도, 사람도 변했다. 그러니 달라질 수 있다는 것을 믿어야 한다.

감정 조절이 어려운 세 가지 유형

감정이라고 하면 짝꿍처럼 따라붙는 말이 있다. 바로 '조절'이다. 많은 사람이 감정을 조절해야 한다는 사실에는 동의한다. 하지만 동의한다고 해서 모두가 감정을 능숙하게 다룰 수 있는 건 아니다. 감정 조절이 어려운 세 가지 유형을 살펴보자.

1) 눈 가리고 아웅형 [감정 회피형]

고통은 누구에게나 달갑지 않기에, 고통을 주는 감정도

가능하다면 피하고 싶은 게 솔직한 심정이다. 하지만 감정은 절대로 외면할 수 있는 대상이 아니다. 잠깐이야 눈 가리고 아웅 하며 자신을 속일 수는 있겠지만 그 효과는 매우 일시적이다.

회피는 다양한 모습으로 나타난다. 누가 봐도 힘든 순간에 지나치게 태연자약(泰然自若)한 사람들이 있다. 이들은 슬플 때 눈물을 흘리기보다는 자신의 감정을 치밀하게 분석하는 데에만 몰두한다. 그리고 남이 쓴 보고서를 읊듯이 건조하고 덤덤하게 자기 생각을 요약해서 말한다. 정서의 인지적인 측면만을 강조함으로써 불편한 감정의 영향력을 줄이려는 주지화(Intellectualization) 방어이다. 좀 더 극단적인 회피로는 감정 자체를 부인하는 경우도 있다. 화가 났는데 화가 안 났다고 믿는 것이다. 그래서 자기는 아무 일도 없었다는 듯이 행동하는데 주변 사람들은 모두 그 사람이 화가 났다는 사실을 알아차릴 수 있다.

어떤 사람과 멀어지는 가장 효과적인 방법은 그를 무시하는 것이다. 마찬가지로 감정도 안 보고 안 듣고 없는 척 외면하면 결국 멀어지고 만다. 감정이 빠진 삶은 무채색의 그림처럼 밋밋하다. 친한 친구들과 알콩달콩 정을 나누는 즐거움이나 심미적인 취미생활로 일상을 채색하는 기쁨이 사라진다. 감정과 너무 멀어지면 자기의 진짜 욕구를 파악하는 데에도 걸림돌이 생긴다. 고로 자신에게 꼭 필요한 일을 해 줄 수가 없다.

2) 화병 난 어머니형 [감정 억제형]

옛날 드라마에는 머리에 흰 띠를 둘러맨 채 병상에 누워 있는 여인의 모습이 자주 등장하곤 했다. 정식 진단명은 아니지만 우리는 그들을 보며 화를 제때 풀지 못해서 나는 '화병'을 쉽게 떠올릴 것이다.

대인배답게 훌륭히 감정을 참아내리라는 포부와는 달리, 실제 우리 인내심의 용량은 아주 적다. 감정을 무작정 참는다는 건 아주 작은 옷장에 옷가지들을 마구 쑤셔 넣는 것과 비슷하다. 마구잡이로 욱여 넣어진 감정 뭉텅이들은 얼마 못 가서 빵 터져 나온다. 오랫동안 압력을 받아 흉물스럽게 변한 감정은 당사자뿐 아니라 주변 사람들에게까지 피해를 준다. 이런 면에서 억제형은 이어서 소개할 분출형과도 많이 닮아 있다.

참으면 실제로 병이 되기도 한다. 해소되지 못한 분노가 내면에 오랫동안 머물면 우울로 변질될 수 있다. 몸에도 병이 생긴다. 감정을 억누를 때 발생하는 스트레스는 온몸의 호르몬과 신경계에 영향을 미친다. 불안, 분노, 공포 등에 장시간 노출된 사람 중에는 실제로 소화기관 및 심혈관계의 문제를 겪는 사람들이 많다. 참을 인(忍)이 셋이면 살인은 피해도 고혈압은 면할 수 없다.

3) 고삐 풀린 망아지형 [감정 분출형]

인간은 사회적 동물이다. 홀로 태어나 홀로 살아가는

존재는 없다. 감정은 인간이 사회적으로 존재할 수 있게 도와준다. 우리는 타인의 표정과 어조에서 묻어나는 감정을 포착해서 그에 맞는 반응을 하며 상호작용을 이어 나간다. 슬퍼서 눈물을 흘리는 사람은 위로를 얻고, 부당한 대우에 분노하는 사람은 자신의 권리를 지킬 수 있다. 여기서 중요한 건 적절한 감정 표현이다.

적절한 감정 표현이란 사회적으로 용인되는 방식으로 감정을 드러내는 것이다. 자신이 속한 사회의 문화적 맥락과도 부합해야 주변 사람들이 공감할 수 있다. 그리고 나이에 맞게 표현해야 난감한 일이 안 생긴다. 언어 발달이 미숙한 아이들은 보통 울음이나 몸짓으로 감정을 표출하지만 어른은 자기 감정을 조곤조곤 말로 풀어낼 수 있어야 한다. 만약 40대 성인이 승진에서 누락되었다고 바닥에 드러누워 발을 동동 구른다면? 민망함은 주변 사람의 몫이다.

감정을 지나치게 억누르면 당사자가 병이 나지만 감정의 고삐를 놓치면 남들이 다친다. 특히 분노와 같이 강렬한 정서는 파급 효과가 대단해서 타인에게 끔찍한 상처를 남기기도 한다. 감정은 예리한 칼과 같다. 잘 길들이면 많은 유익을 가져다주지만 잘못 휘두르면 자신과 타인 모두에게 해롭다.

복잡한 감정에 이름을 붙이면 단순해진다

감정을 무시하지도 말고, 참지도 말고, 터뜨리지도 말아야 한다고? 그럼 도대체 감정을 어떻게 다뤄야 우리의 멘탈을 건강하게 보존할 수 있을까? 크게 두 단계, 즉 알아차리기와 상징화를 거치면 된다.

1) 알아차리기

감정은 일련의 현상으로 경험된다. 예를 들어 중요한 발표를 앞둔 사람은 심장 박동이 빨라지고 손에 땀이 나는 신체적 변화를 경험할 수 있다. 동시에 머릿속에서는 온갖 불길한 메아리가 울려 퍼질 것이다. '망신당할 거야', '실패하고 말 거야'라는 생각과 함께 최악의 시나리오가 빠르게 펼쳐질 수도 있다. 비슷한 경험들이 반복되면 그 속에서 익숙한 패턴을 포착할 수 있다. 대개 이 패턴은 특정 상황, 신체적 느낌, 머릿속을 스쳐 가는 짧은 생각으로 나타난다.

발표 후 지적을 들었을 때 [상황]

얼굴이 화끈거리고 몸에서 힘이 빠짐 [느낌]

'나는 못났어. 무능해' [생각]

이러한 과정을 알아차리는 것이 바로 감정을 자각하는 일이다. 어떤 일이 생겼을 때 몸의 변화는 어떠한지, 마음에서는 어떤 일들이 일어나는지를 바라보는 작업이다. 이 작업이 잘 되지 않으면 원인도 모른 채 막연히 '나는 멘탈이 약하다'라고 여기기 쉽다. 사건을 수사하는 형사처럼 기를 쓰고 감정에 대해 관찰할 필요는 없다. 드라이브하며 주변 풍경을 보듯 약간은 무심하게, '그냥 그런가 보다'라는 태도가 더 좋다. 감정을 포착하는 게 어렵다면 몸에 좀 더 주의를 기울여 보자. 손에 땀이 나는지, 호흡이 가쁜지, 심장이 빨리 뛰는지, 차분하게 신체적 변화를 느끼며 그것들이 가리키는 감정이 무엇일지 추측해 보자. 마음속에 자욱하게 퍼져 있던 안개 같은 감정이 점점 실체를 드러낼 것이다.

2) 언어로 표현하기

감정도 도구처럼 눈에 보이고 손에 잡혀야 다룰 수가 있다. 정체가 불분명한 감정에 확실한 윤곽을 부여하는 작업을 상징화(Symbolization)라고 한다. 상징이란 추상적인 개념이나 사물 등을 구체적인 대상으로 바꾸는 일이다. 우리가 사용하는 언어는 대표적인 상징물이다. 예를 들어 오늘 아침에 "사과를 먹었다"라고 치자. 만약 언어를 사용하지 않는다면 "턱의 움직임, 아삭아삭한 청각 자극, 혀에 닿는 새콤달콤한 액체와 미각의 각성, 덩어리가 목구멍을 눌러 지나갈 때의 압력" 등의 산발적인 감각만이 우리를 스쳐 갈 것이다. 이마저도 언어로 표현할 수밖에 없지만.

이렇게 생화학적 작용이나 감각 수준에서는 어떤 사건을 하나의 통합된 경험으로 받아들일 수 없다. 그래서 우리는 출렁이는 감정을 언어라는 그릇에 담아야 한다. 그릇에 담긴 감정은 소화하기가 쉽고, 다른 사람과 함께 나누기에도 좋다.

상징화가 제대로 이루어지지 않으면 감정에 압도당하기 쉽다. 갑작스러운 심박수 증가, 열감, 홍조, 식은땀과 같이 불편하고 당혹스러운 느낌에 끌려다니게 되고, 머릿속은 백지가 되어 두서없는 말들이 입 밖으로 튀어나올 것이다. 결국 적절히 대처할 기회를 잃고 우려하던 상황이 실제로 펼쳐진다. 서투르게 처신한 자기 모습은 오랫동안 뇌리에 박혀 자괴감, 우울, 수치심을 몰고 올 것이다. 사실 발표를 앞두고 긴장했을 뿐인데 말이다.

심리 전문가들은 상징화 작업을 돕기 위해 감정에 이름을 붙이라고 조언한다. '불안, 공포, 분노'와 같이 간단한 이름도 좋고, "발표를 앞두고 손에서 땀이 뚝뚝 떨어질 정도로 긴장했다"처럼 상황과 현상을 좀 더 구체적으로 설명해도 좋다. 그 감정과 관련된 시각적 이미지, 분위기, 냄새도 말해 보자. 글로 끄적여도 좋다. 작업을 마친 후에는 쭉 훑어보자. 당신을 제압하려 했던 것의 실체가 어떠한가? 막연하게 두려워했던 때보다 훨씬 감당할 만한 크기가 되었을 것이다. 다시 같은 상황과 현상과 감정을 느끼게 된다면 더욱 의연하게 다룰 수 있을 것이다.

인정하지 않은 감정은 흘러가지 못한다

아마도 당신은 감정을 잘 다루는 사람이 될 수 있다는 희망을 엿보았을 것이다. 그런데 예기치 못한 난관이 당신을 기다리고 있다.

"어라, 감정을 인정하고 받아들이려고 했는데 이게 쉽지 않네?"

"내가 고작 이깟 기분으로 힘들어하다니, 자존심 상해!"

감정을 이해하고 인정하는 일이 익숙지 않은 사람들은 여러 가지 심리적 장벽에 가로막힌다. 감정을 인정하면 지는 것 같아서 인정하기가 어렵다. 슬프거나 두려울 때는 왠지 나약하고 무능한 사람이 된 것만 같다. 울고 있는 자신이, 떨고 있는 자신이 한심하게 느껴진다. 이러한 감정은 특성상 취약한 느낌을 주기 때문이다. "나는 지금 불안해, 나는 우울해…"라고 고백하면 자신이 유리 멘탈인 게 기정사실이 되는 것 같아 더 감추고 싶은 마음도 생긴다.

특히 감정을 열등하다고 여기며 억제하는 문화권에서는 인간이라면 누구나 느낄 법한 자연스러운 감정도 인정하지 않으려는 경향이 있다. 사나이는 평생 딱 세 번만 울어야 한다고 배운 사람은 슬퍼 마땅한 순간에도 눈물을 흘릴 줄 모른다. 온순함만이 미덕인 줄 알고 자란 사람은 정당한 분노를 통해 자신을 지킬 줄 모른다.

감정을 인정하지 못하는 데에는 감정에 압도될까 봐 두려운 마음도 있다. 애써 견디고 있는데 감정을 마주하면 그나마 지탱하고 있던 힘마저 사라질 것 같기 때문이다. 불어닥칠 변화가 두려울 수도 있다. 감정을 인정하면, 마음속 깊은 곳에 자리한 문제들이 수면 위로 떠오를 것이고 일시적으로 평정심을 잃을지도 모른다. 만약 대인관계와 관련된 문제라면 서로 못 본 척하며 아슬아슬하게 유지해 오던 사이가 틀어질 수 있다. 이러한 불편함, 불균형, 균열과 같은 고통을 감내할 여력이 없을 때는 차라리 감정을 외면하고 싶어진다.

오랫동안 인정받지 못한 감정은 다른 모습으로 둔갑하기도 한다. 그래서 실체를 밝히기 더 어렵다. 걸핏하면 버럭 화를 내는 모습 이면에는 절대 들키고 싶지 않은 상처가 자리할 수도 있다. 나약한 사람이 되느니 분노의 힘을 빌려서라도 꼿꼿이 서 있고 싶은 것이다. 관계가 틀어질까 봐 차마 드러내지 못한 원망은 수동 공격이란 가면을 쓰고 나타날 수 있다. 그래서 말로는 화나지 않았다면서 은근한 비아냥거림으로 상대의 속을 긁는다. 감정의 둔갑술은 너무나 절묘해서 자기 자신조차 속이기 때문이다. 인정받지 못한 감정은 흘러가지 못한다. 그리고 고인 물은 썩기 마련이다.

감정은 우리를 돕는다

이쯤 되면 감정에 대해 이런 생각이 든다.

'이 녀석, 은근히 손이 많이 가는군! 만만치가 않아 만만 치가.'

그런데도 왜 우리는 이런 까다로운 녀석과 더불어 살아 야 하는 걸까? 왜 감정을 잘 다루기 위해 노력해야 하는 걸 까? 그건 감정이 지닌 이로움을 얻기 위해서다.

1) 감정은 행동하게 한다

며칠 묵은 음식물 쓰레기봉투를 열었을 때 더운 습기를 타고 확 풍겨 오는 악취를 떠올려 보자. 아마 상상만으로도 미간과 콧등을 찌푸리며 상체를 뒤로 젖힐 것이다. 이번엔 빵에 버터를 발라서 노릇노릇하게 굽는 장면을 그려 보자. 바짝 긴장되었던 미간 근육이 버터와 함께 녹아내려서 금세 나른한 표정이 될 것이다.

감정은 해로운 것으로부터 멀어지게 하고, 이로운 것에는 다가가게 함으로써 우리의 몸과 마음을 보호한다. 송곳니를 드러낸 채 컹컹 짖어대는 사냥개를 마주치면 두려움이 발동한다. 그래서 잽싸게 몸을 숨기는 행동을 하게 된다. 이제 막 연애를 시작한 연인의 모습은 정반대이다. 설렘으로 한달음에 달려가 서로의 품에 와락 안길 것이다. 누구도 둘을 멀어지게 할 수 없다. 이렇게 감정은 특정 상황에서 어떻게 행동해야 할지 알려 준다.

2) 감정은 판단하게 한다

흔히들 판단은 사고의 전유물이라고 여긴다. 선택지를 꼼꼼히 살피고 경중을 따진 후에 점수가 더 높은 쪽을 택할 거라 믿는다. 이 과정에서 감정은 판단을 흐리게 하면 했지, 결정을 돕진 못할 거라 생각한다. 하지만 선입견과 달리 이성만이 판단 기능을 하는 것은 아니다. 우리는 봄이 되면 왠지 산뜻하고 화려한 문양이 끌려서 새 옷을 사고, 비가 오는 날엔 괜스레 기분이 꿀꿀해서 집에만 머문다. 좀 더 당기는 음식을 먹고 좀 더 끌리는 전공을 선택하기도 한다. 이외에도 직감을 따른다고 느끼는 일들 중에는 감정이 판단 기능을 발휘한 경우가 많다.

감정은 중대한 결정에도 관여한다. 이혼을 고민하는 부부에게는 적어도 한 가지 공통점이 있다. 바로 감정이 상했다는 점이다. "저 인간이랑은 도저히 못 살겠다"라는 말속에는 사실 숱하게 기대했다가 실망한 마음이 깔려 있다. "너 없이도 보란 듯이 잘 살 거야"라는 다짐은 차라리 홀로서고 싶을 만큼 화가 났다는 뜻이다. 그런데 잔뜩 화가 나서 이혼 절차를 검색해 보다가도, 또 웅크린 채 잠든 배우자의 뒷모습을 보면 그렇게 짠할 수가 없다. 아직 화가 풀린 건 아닌데 저 인간이 짠해서 도저히 내칠 수가 없다. 일단 저녁은 좀 먹여야 할 것 같다. 감정이 상해서 이혼을 결심했다가 고작 짠한 마음에 그 중대한 결심을 번복하다니, 어이가 없다. 하지만 우리 모두 어이없이 감정의 판단을 따를 때가 많다. 그리고 그 덕에 어떤 인생은 두 번째 기회를 얻기도 한다. 이성적으로만 판단했다면 얄짤없을 일이다.

3) 감정은 사회를 만든다

감정은 소통의 기능을 지녔다. 표정, 눈빛, 말투, 목소리, 몸짓 등에는 정서에 대한 정보가 듬뿍 담겨 있다. 당신과 친하게 지내고 싶은 사람이라면 당신이 보낸 정서적 단서들을 파악한 뒤 그에 걸맞게 반응할 것이다. 그럼 당신은 존중받는다고 느끼면서 상대에게 더 다가갈 테고, 오가는 대화속에서 친밀감이 싹틀 것이다. 감정은 이렇게 사람 사이를 연결함으로써 사회를 형성한다.

　감정은 활자로 명시된 법과 제도에 생명력을 불어넣기도 한다. 감사는 선행을 독려하고, 동정심은 약자를 돌보게 한다. 분노는 타인의 권리를 무시하지 않도록 경종을 울리고, 죄책감은 자기 행동을 반성하고 교정할 기회를 준다. 감정은 우리가 단단한 멘탈로 살아갈 수 있도록 부단히 돕는다. 우리가 그 도움을 받을 줄 모를 뿐이다.

막연한 불안감이 마음을 좀먹는다

　끓는 물에 개구리를 넣으면 놀라서 펄쩍 뛰어오르지만 서서히 데워지는 물에서는 빠져나갈 생각을 못 하다가 그대로 죽고 만다. 멘탈을 약하게 만드는 감정도 이러하다. 쓰나미와 같은 재앙 앞에선 오히려 정신이 퍼뜩 든다. 그보다는 너무 친숙하고 위협적이지 않아서, 자신도 모르는 사이에 야금야금 마음을 좀먹고 유리 멘탈의 근간이 되는 감정을 조심해야 한다. 대표적으로 불안이 그러하다.

염려를 달고 사는 이들은 별의별 일로 다 염려하는데, 여기에는 한 가지 공통점이 있다. 바로 시제가 미래라는 점이다.

'이번에도 면접에서 떨어지면 어쩌지?'

'장사도 안 되는데 다음 달 월세는 어떻게 내지?'

'요즘 소화도 안 되고 피곤하네. 혹시 큰 병에 걸린 건 아닐까?'

사람은 대개 미래에 안 좋은 일이 생길까 봐 불안해한다. 일이 틀어질까 봐, 사고가 나거나 병에 걸릴까 봐, 사랑하는 사람이 떠날까 봐, 재산을 잃을까 봐. 모두 손에 잡히지 않아서 불확실한, 그래서 예측하기 어려운 미래의 일로 염려한다.

마음속으로 스멀스멀 기어들어 온 불안은 순식간에 온몸으로 퍼진다. 불길한 일이 닥쳐올지도 모른다며 잔뜩 흥분한 교감신경계는 비상 체제에 돌입한다. 먼저 심장 박동이 증가하고 호흡이 가빠진다. 동공은 확장되고 혈관은 수축한다. 느긋하게 밥이나 먹고 있을 때가 아니라고 느껴서인지 소화 기능도 제대로 작동하지 않는다. 정체 모를 위험으로부터 자신을 보호하기 위해 몸이 알아서 경계를 높인다.

이렇게 긴장감이 바짝 올라온 상태가 되면 생각도 영향을 받는다. 터널 속에 갇힌 사람처럼 시야가 확 좁아져서 가장 극단적인 생각 하나에만 꽂힌다. 다양한 가능성을 고려하거나 여러 관점을 유연하게 취할 만한 여력이 부족하기 때문이다. 그래서 불안이 아주 높은 사람은 본의 아니게 고집스러운 면모를 보이게 된다. 불안에 장악당한 사람은 그 불쾌하고 위협적인 느낌을 떨쳐 내기 위해 갖은 애를 쓴다. 어떤 이는 위험한 일이 발생할까 봐 계속해서 확인한다. 가스밸브를 제대로 잠갔는지, 현관문을 꼭 닫았는지, 집 밖을 나섰다가도 발길을 돌려 몇 번이고 재확인한다. 어떤 이는 불안을 몰아내기 위해 쉬지 않고 활동한다. 다음의 세영 씨가 바로 그런 사람이었다.

세영 씨는 자타공인 부지런한 사람이었다. 식구들이 모두 잠든 새벽에 홀로 일어나서 아침을 준비했고, 아이들을 차례로 등교시킨 후에는 집 안 곳곳에 광이 나도록 쓸고 닦았다. 그런 뒤에는 요일별로 짜인 일정에 따라 필라테스, 수영, 공예 등 자기 계발에 힘썼고 한 달에 서너 번은 친목 모임에도 나갔다. 아이들의 방과 후에는 학원 일정에 따라 두 아이를 실어 날랐다. 주말에는 캠핑, 글램핑, 여행, 체험학습 등 매주 색다른 활동으로 아이들에게 좋은 추억을 만들어 주려 노력했다. 잠시라도 쉴 시간이 생기면 세영 씨는 불안감을 느꼈다. 그래서 쉬지 않고 일하도록 자신을 몰아붙였다. 하지만 그러는 동안에도 세영 씨의 불안은 도통 줄어들 기미가 없었다.

우리는 어떻게 해서든 불안을 퇴치하고 싶어 한다. 그러나 특정 감정을 아예 없앤다는 건 불가능하며 자칫하다간 역풍을 맞을 가능성도 있다. 불안이 전혀 없는 상태는 결코 바람직하지도 않다. 불안은 위험을 알리는 경보이다. 경보를 감지한 사람은 잠재적인 위험으로부터 자신을 지키기 위해 준비한다. 그래서 불안을 적절히 갖고 있으면 매사에 신중하고 준비성이 철저한 모습으로 살 수 있다. 그런데 만약 경보가 꺼져 있다면? 으레 피해야 할 위험마저도 피하지 못하는 최악의 사태가 발생할 수 있다. 따라서 불안을 박멸하려고 안간힘을 쓰기보다는 그 세력이 너무 커져서 마음 전체를 갉아먹지만 않도록 적당히 안전장치를 마련하는 편이 낫다. 불안이 그 안에서 자신의 본분을 다하며 우리의 조력자가 될 수 있도록 말이다.

불안으로부터 안전장치를 마련하는 법

불안으로부터 마음을 지켜 줄 안전장치는 '모호함'이라는 불안의 주 특성을 역으로 이용한다. 기본 원리는 앞서 설명한 감정을 다루는 방법, 즉 자각과 상징화를 따른다.

일단 불안이 주는 몸의 신호를 감지하면 (자각)

이때 떠오르는 여러 생각과 느낌을 여과 없이 적는다 (상징화)

언어라는 분명한 틀을 씌우는 것만으로도 불안의 모호성은 어느 정도 축소된다. 머릿속을 지배하던 거대한 불안이 지면 위에선 고작 몇 글자 남짓인 걸 보면, 해 볼 만하겠다는 자신감이 따라붙는다.

불안은 특히 몸과 밀접한 관련이 있는 감정이다. 그러니 심리적인 접근과 신체적인 접근을 함께 사용하면 좀 더 효과적이다. 먼저 잔뜩 달아오른 교감신경계를 달래 주자. 코로 숨을 들이마셨다가 내쉬면서 편안하게 공기의 흐름을 따라가 보자. 손을 꽉 쥐었다가 풀면서 근육의 이완을 느껴 보자. 진정 효과가 있는 허브차를 마시거나 따뜻한 물로 샤워하면서 긴장을 해소하는 것도 좋다. 평소에 요가나 가벼운 산책으로 이완을 훈련해 둔다면 더욱 도움이 된다. 그런데 안전장치만으로는 쉽게 사그라지지 않는 불안도 있다.

세영 씨의 부지런함은 엉뚱한 곳에서 브레이크가 걸렸다. 세영 씨의 딸이 학교에서 심리검사를 했는데 유의한 수준의 우울감이 발견된 것이다. 몇 시간에 걸친 검사를 받는 동안 딸은 단 한 번도 웃지 않았다. 고개를 숙인 채 묻는 말에만 짧게 대답했고, 어둡고 울적한 반응들이 상당히 많았다. 원인은 겨우 여덟 살인 아이가 학원을 7개나 다닌다는 데 있었다. 부모 상담 중에 엄마 세영 씨의 이야기를 듣다 보니, 왜 그런 환경이 되었는지 짐작할 수 있었다.

세영 씨는 폭력적인 부모님 밑에서 가난하고 억압된 어린 시절을 보냈다. 중학생 때부터 아르바이트를 했고, 성인이 된 후에도 닥치는 대로 일을 했다. 지금은 재산을 꽤 모아서 남편의 벌이만으로도 충분히 먹고살 정도가 되었지만 왜 그런지 세영 씨는 쉴 수가 없었다.

매일 빈틈없이 계획을 세우고 하나씩 달성해 나가는 게 삶의 목적이자 이유가 된 세영 씨는 자기도 모르게 아이에게도 그것을 투영하고 있었다. 그렇게 살지 않으면 뒤처져서 시궁창 속으로 빨려 들어갈 것만 같았기 때문이다. 세영 씨는 여전히 가난하고 두렵고 희망이 없던 어린 시절로부터 도망치고 있었다.

불안은 심연의 상처가 건드려질 때 1등급 비상경보를 발령한다. 남들에겐 별거 아닌 일도 당사자에게는 심장을 쪼그라들게 하는 위험이 될 수 있다. 세영 씨에게는 생산적인 일을 하지 않고 있을 때가 그러했다. 여유 시간이 생길 때마다 어두컴컴하고 희망이 없던 어린 시절에 느꼈던 두려움이 되살아나는 듯했고, 이는 '쉬지 않고 일해야 한다'라는 절박함으로 이어졌다.

그런데 이런 불안은 너무 마음 깊은 곳에 자리해서 쉽게 발견할 수도 없을뿐더러 찾아내도 여러 감정이 얽히고설켜 있어 혼자서는 풀어내기가 어렵다. 세영 씨는 몇 개월간 꾸준히 상담받으면서 차츰 비상 체제에서 벗어날 수 있었다. 어린 시절에 받았던 상처와 해결하지 못한 욕구들을 파악하고, 그때 필요했던 위로와 공감을 채워 가면서 불안이 줄어들기 시작했다.

그 뒤로도 세영 씨는 부지런히 살았지만 바빠야만 한다는 강박에서는 자유로워졌다. 불필요한 사교육을 줄이고 아이와 함께 보내는 시간을 자주 가졌다. 주말에는 집 근처 공원에서 온 식구가 함께 자전거를 타는 등 평범하고도 편안한 시간을 보냈다. 세영 씨의 불안이 그토록 요란스럽게 경보를 울렸던 건 여기 꼭 해결해야 할 상처가 있음을, 그냥 두면 그 상처가 더 깊이 닻을 내려 그녀를 괴롭힐 것임을 알려 주기 위해서가 아니었을까?

짜증은 덜 자란 감정이다

조금만 움직여도 땀이 뻘뻘 흐르는 여름날이었다. 두 아이를 하원시켜서 집으로 오는 길에 이미 나는 반쯤 녹초가 되어 있었다. 집에 들어서자마자 시작된 아이들의 칭얼거림이 그날따라 더 매섭게 귓속을 파고들었다. 아이들도 더위에 지쳐서 짜증이 났는지 첫째는 장난감을 툭툭 발로 차며 어깃장을 놓았고, 둘째는 저녁을 준비하는 내 다리를 붙들고 "엄마, 안아!"를 계속 외쳤다.

정말 귀마개라도 꽂고 싶은 심정이었다. 나는 어금니를 꽉 깨문 채 한숨을 푹푹 내쉬며 아이들을 타일렀다. 그렇게 저녁 내내 훈육과 협박의 경계를 아슬아슬하게 넘나들었다. 모두 잠들어 고요해진 후에야 공기 중을 떠다니던 것의 정체를 알아차릴 수 있었다. 바로 짜증이었다. 미세먼지처럼 뿌옇고 매캐한 짜증이 그야말로 온 집안을 장악한 날이었다.

짜증은 흔하고 만만한 감정이다. 감정 표현을 잘 못하는 사람도 쉽게 드러낼 수 있으면서 사회적으로도 큰 문제가 되지 않는다. 하루에 "짜증 나"라는 말을 몇 번 했는지, 몇 번 들었는지만 떠올려 봐도 알 수 있다. 그래서인지 짜증은 과소평가된다. 우울, 분노, 불안에는 민감하게 반응하면서 짜증은 그냥 그래도 되는 것처럼 은근슬쩍 넘어가게 된다. 하지만 모두가 방심하는 사이에 짜증은 일상 곳곳으로 스며든다.

짜증은 덜 자란 감정이다. 당신은 어떨 때 짜증이 나는가? 뜻대로 안 될 때, 누군가 성가시게 방해할 때, 습도가 높아 불쾌할 때, 피곤해 죽겠는데 억지로 참고 일해야 할 때, 그 밖에도 불만족스럽고 불편한 상황에서 짜증을 느낄 것이다. 저마다 사정도 다르고 마음도 다를 텐데 우리는 이 모든 걸 짜증이란 두 글자에 욱여넣는다. 일단 짜증을 내고 나면 사람의 마음은 속상함, 불쾌함, 피곤함과 같은 뚜렷한 이름을 갖지 못한 채 중간 지점에서 어정쩡하게 멈춰 버린다. 앞서 감정을 잘 다루는 비결 중 하나로 상징화, 즉 이름 붙이기를 소개했다. 하지만 짜증은 명찰이 없는 감정이라서 다루기가 어렵다.

짜증은 더 크고 무거운 감정을 억압한 결과일 수도 있다. 내가 어금니를 꽉 깨문 채 한숨을 푹푹 쉬었던 건 더한 분노를 억누르기 위한 나름의 처절한 노력이었다. 그 덕에 아이들이 화를 면할 수는 있었지만 그렇다고 문제가 해결된 건 아니었다. 사방으로 삐져나온 엄마의 짜증에 시달렸으니 말이다. 물론 그 대가로 나 역시 아이들의 짜증에 시달려야 했다고 해명해 본다.

무기력감으로 축축 처지는 날에도 짜증이 밀려온다. 물 먹은 스펀지처럼 무거워진 몸과 마음을 이끌고 하루를 살아 내려니 여간 고단한 게 아니다. 실망감, 좌절감, 수치심과 같은 감정을 감추려고 짜증을 내기도 한다. 최소한의 자존심을 지키기 위해 잠시 짜증의 힘을 빌려 오는 것이다.

　　일상에 스며든 짜증은 쉬이 제거할 수 없다. 이런저런 감정을 집요하게 들춰 내지 않아도 된다는 편리함 때문에 습관적으로 짜증을 내게 되고, 이내 태도로 굳어지기 때문이다. 볼멘소리, 찌푸린 미간, 신경질적인 반응, 혀를 차는 소리가 몸에 배면 그것을 하나의 문제로 규정하고 다루기가 어렵다. 심지어 짜증은 전염성이 아주 강하다. 한 사람만 짜증을 뿜어내도 그 공간은 매연으로 가득 찬다. 전염이 시작되면 여기저기에서 미분화된 감정 덩어리를 서로에게 던져 넘길 뿐 문제는 해결되지 않는다.

　　많은 경우 짜증은 뭔가를 해결해 달라는 외침이다. 그 외침에 귀를 기울이면 지금 좌절되고 있는 욕구가 무엇인지 발견할 수 있다. 뭐가 없어서 불만인지, 뭐 때문에 성에 안 차는지, 어떤 게 해결되면 좀 더 편해질 것 같은지 생각해 보자. 아기를 키우는 엄마들은 제때 먹고 제때 자기가 힘들다. 이렇게 기초적인 욕구를 박탈당한 상황에서는 체력이 늘 바닥이고, 그럴 땐 아이들의 사소한 투정도 받아 줄 여력이 없다. 직장인은 회사에 매여 있다 보니 오롯이 자기만의 시간과 영역을 확보하고 싶어 한다. 그래서 퇴근 후의 시간을 침범당했을 때 불만과 분노가 치솟는다. 짜증을 되짚어 분명한 언어로 정의해 보면 나에게 진짜 필요한 게 무엇인지 알 수 있다.

"나는 지금 잠이 부족해. 나는 지금 아무도 없는 곳에서 조용히 쉬고 싶어. 나는 적어도 퇴근 후에는 회사 사람들과 연락하고 싶지 않아."

짜증은 그제야 명찰을 얻는다. 그다음으로는 할 수 있는 일과 할 수 없는 일을 구분하자. 좌절된 욕구 중 일부는 당장 해결할 수 있고, 일부는 시간이 좀 필요하고, 아쉽게도 몇 가지는 해결될 가능성이 아주 낮을 것이다. 이 중에서 당장 해결할 수 있는 것부터 처리하면 된다. 해결 가능성이 낮은 것들을 곱씹으면서 괜히 짜증의 농도를 높이지 말자. 제거하는 만큼은 쾌적해진다는 희망찬 사실에만 집중하자.

기왕이면 마음이 아닌 몸과 관련된 일부터 처리하길 바란다. 몸은 마음에 비해 단순하고 명확하므로 효과도 즉각적이고 확실하다. 자유 시간을 침범당했다는 분노와 배고픔이 동시에 느껴진다면? 배고픔부터 해결하는 게 현명하다. 사람들에게 자꾸만 신경질적으로 대하게 된다면? 잠이 부족하거나 몸살 기운이 있어서 작은 노동도 부담이 되는 건 아닌지 점검해 보자. 타인과 함께 해결해야 하는 문제들도 있다. 이럴 땐 간단명료하게 자신의 필요를 전하고 양해를 구하자.

"여보, 나는 퇴근 직후에는 휴식이 필요해. 방에 들어가서 30분만 혼자 머리 좀 식히다 나올게. 그 후에는 나와서 당신과 대화하고 집안일도 할게. 배려해 줄 수 있을까?"

물론 돌아오는 반응이 매번 마음에 들 순 없겠지만 그건 어디까지나 상대의 몫이다. 나는 나의 마음만 책임지면 된다. 미숙한 짜증 덩어리를 하나의 명확한 감정으로 구체화하고 정제된 언어로 옮기는 과정에서 당신은 이미 전보다 유능한 사람이 되었다. 그리고 당신에게 정말 중요한 것이 무엇인지 파악했으니 우선순위에 따라 삶을 꾸려 갈 수 있을 것이다. 이만하면 썩 괜찮은 소득 아닌가?

'감정 사전'이 풍부해야
감정을 잘 다룰 수 있다

먼지를 터는 심정으로 마음에 쌓인 불안과 짜증을 툴툴 털어 냈다면, 이제는 쾌적해진 마음을 더 아름답게 채색해 보자. 상담에서는 내담자가 자기 감정을 인식하고 표현하도록 돕는다. 이러한 정서적 능력은 어떻게 키울 수 있을까? 아이의 발달 과정을 보면 힌트를 얻을 수 있다. 아직 언어 실력이 부족하고 정서도 충분히 분화되어 있지 않은 어린아이들은 자기 감정을 말로 표현할 줄 모른다. 그래서 빽빽 떼를 쓰거나, 엉엉 울거나, 물건을 던지는 식으로 거칠게 감정을 표현한다. 이때 할 일은 아이가 느꼈을 법한 감정을 최대한 정확하게 추측한 후 이것을 발전된 형태의 언어로 대신 표현해 주는 것이다.

　　"아이고, 누나가 장난감을 가져가서 속상했구나."

　　이 과정을 여러 번 반복하면 아이는 어른의 도움 없이도 그 감정을 표현할 수 있게 된다.

　　"나 똑땅해!"

　　이렇게 감정을 배우는 일은 말을 배우는 원리와 상당히 닮았다.

　　상담에서도 비슷한 작업을 한다. 상담 초반에는 아직 자신의 마음을 명확하게 알아차리지 못하는 사람들이 많다. 설익은 감정은 논리와 체계를 갖춘 문장으로 서술되기 어렵다. 그보다는 참을 수 없는 흐느낌, 터져 나오는 눈물, 붉으락푸르락 달아오르는 낯빛, 냉소적인 말투 등으로 존재감을 내비친다. 이때 상담자는 마치 엄마가 아이의 감정을 읽어 주듯이 내담자의 감정을 대신 말해 준다.

"주호 님이 한 일을 동료가 가로채 갔다니, 아주 분통이 터지고 억울했겠어요."

상담자의 추측이 아예 빗나가지 않았다면 내담자는 그제야 자신을 불편하게 만들었던 감정을 인정하게 된다.

"맞아요. 저 진짜 화나서 다 뒤엎고 싶었어요."

이러한 과정을 반복함으로써 내담자는 감정의 어휘를 늘려간다.

우리는 모두 감정 사전을 갖고 있다. 하지만 사전에 실린 어휘의 양과 질은 저마다 다르다. 어떤 사람의 사전에는 "아우 씨", "킹받네", "지랄"과 같이 쓰임새가 분명치 않은 비속어들만 적혀 있다. 반면 어떤 사람의 사전에는 "일이 뜻대로 되지 않아서 실망스럽다", "무시를 당한 것 같아서 언짢다", "예상치 못한 일이 벌어지니 당황스럽다"와 같이 상황에 맞게 세분된 감정 어휘들이 풍부히 적혀 있다. 감정을 잘 다룬다는 건 감정 사전에 잘 다듬어진 어휘들이 많이 실려 있다는 뜻이기도 하다.

좋은 사전은 끊임없이 변화하고 발전한다. 시대의 흐름에 맞춰 새로운 어휘를 수록해야 하고, 케케묵은 말에는 '고어'라는 표식도 붙여야 한다. 감정 사전도 마찬가지이다. 그때는 그랬지만 지금은 아니게 된 감정은 현재에 맞게 내용을 수정해야 하고, 아직 실체가 파악되지 않은 감정에 대해서는 인식과 상징화 작업을 지속해 나가야 한다. 그러면 자연스레 다양한 감정 어휘가 담긴 좋은 감정 사전이 될 것이다.

짜증, 불안, 분노, 슬픔과 같이 부정적인 느낌을 주는 감정만 사전에 잔뜩 쓰여 있으면 인생이 너무 각박해진다. 이제부터는 두 눈을 크게 뜨고 긍정적인 느낌을 주는 감정을 찾아보자. 무언가에 빠져들게 만드는 흥미와 새로운 일에 대한 설렘은 잠들어 있던 삶을 깨워 움직이게 한다. 애정 어린 눈빛, 다정다감한 말투, 포옹으로 전해지는 온기는 힘든 마음을 위로하고 용기를 준다. 성에 안 차는 일보다는 '그럭저럭 괜찮은' 느낌에 더 주목해 보자. 당연하다고 여겼던 일들에는 "감사하다"라는 말을 덧붙이자. 당신의 하루가 생각보다 많은 기적으로 이루어져 있음을 알게 될 것이다.

전에 하루 중 기쁜 순간을 사진으로 찍고 소감을 기록하는 심리 코칭 프로그램을 진행한 적이 있다. 이름하여 '기쁨 수집가' 활동이었다. 참가자들은 제각기 기쁨을 느낀 순간을 포착해서 공유했다. 사진에는 좋아하는 카페에서 커피를 마시며 책을 읽었던 시간, 사랑하는 가족과 공연을 관람한 시간, 키 큰 나무들 사이로 걸었던 장면 등이 담겨 있었다.

하루 중 당신을 웃게 한 순간은 언제인가? 편안하고 위로가 되었던 순간은 언제인가? 사진이나 글로 그 장면을 기록하고 당시의 느낌에 대해서도 적어 보자. 그리고 그 경험이 당신의 몸과 마음에 가져온 긍정적인 변화는 무엇인지 찾아보자. 다음 문장처럼 짧게 적으면 된다.

불안했던 마음이 따듯한 허브차와 목욕으로 조금 가라앉았다.
친구들과 한바탕 웃고 떠들자 터질 듯한 분노가 사그라들었다.

감정 사전은 이러한 정보를 차곡차곡 모아 두었다가 당신이 유난히 힘든 어느 날 마음을 회복시킬 방법을 알려 줄 것이다. 물론 세상사가 밝고 즐겁기만 한 건 아니지만 그래도 하루에는 삶을 살 만한 것으로 만들어 주는 기쁨이 곳곳에 있다. 그 기쁨을 그냥 버려 둘지 주워 담을지는 오롯이 당신의 선택에 달려 있다.

3장

유연한 멘탈로 거듭나는
생각 전환법

비교를 내게 유익한 방향으로 사용하는 법

지금 이 책을 읽고 있는 당신의 자세는 어떠한가? 턱을 괸 채 상체를 웅크리고 있는가? 다리를 꼬고 있는가? 아니면 책상다리로 앉아 있는가? 당장은 어떤 자세를 취해도 큰 상관이 없다. 좀 구부정하다고 해서 갑자기 무슨 병에 걸리는 것도 아니고 일생일대의 기회를 잃는 것도 아니다. 자세의 진정한 효과는 세월이 흘렀을 때 드러난다. 오랫동안 나쁜 자세로 지내면 뼈와 근육이 그대로 굳어진다. 거북목, 척추측만증, 골반 비대칭, 휜 다리, 만성 통증 등의 증상으로 이어질 뿐만 아니라 몸 전체의 균형이 무너지면서 내부 장기도 영향을 받아 건강이 나빠진다.

마음에도 자세가 있다. 우리는 나름의 방식으로 세상을 인식하고 설명해서 받아들인다. 마음의 자세는 일종의 사유 과정으로, 우리의 생각, 관점, 가치관 등으로 나타난다. 마음의 자세는 겉으로 잘 드러나지 않지만 우리가 매일 크고 작은 경험을 받아들이고 처리하는 데에 영향을 미친다. 이러한 일상이 모여 한 달, 1년, 10년이 되고, 인생은 자세가 남긴 자취를 따라 펼쳐진다.

사람의 생각은 매일 보고 듣는 것을 재료로 삼아 형성된다. 제아무리 자세를 바르게 하려고 애써도 정신을 쏙 빼놓는 것들에 둘러싸여 있으면 별수 없다. 이 장에서는 마음의 자세를 흐트러뜨려서 멘탈을 해치는 삐딱한 생각들에 대해 알아보려고 한다. 그 첫 번째 주인공은 비교 의식이다.

예로부터 사람의 마음을 후벼 파는 데에 비교만 한 것은 없었다. 사돈이 땅을 사면 배가 아팠다는 조상들로부터 유전자를 물려받은 데다가, TV에서는 매일 유명인들의 호화로운 삶을 방영해 주니 비교에서 벗어날 수가 없다. 한데 엄마 친구 아들딸 이야기에는 알레르기 반응을 보이면서도, 또 혼자서는 부지런히 SNS를 기웃거리며 비교하고 비교당하기를 자처하니, 과연 비교는 거부할 수 없는 마성의 소유자이다.

놀랍게도 골칫거리로 보이는 비교에는 나름의 순기능이 있다. 인간이 사회적 동물로서 살아남기 위해 가장 먼저 하는 일은 나와 남을 비교해 가며 유사점을 찾는 것이다. 우정은 공통의 관심사를 가진 사람들 사이에서 형성되기 때문이다. 나도 좋아하고 그도 좋아하는 것, 나에게도 있고 그에게도 있는 것이 무엇인지를 알아야 그것을 토대로 대화를 쌓아 올릴 수 있다. 차이점을 파악하는 능력은 상호작용을 더욱 정교하게 만든다. 나와는 달리 그가 싫어하는 것을 알아야 상대에게 불쾌감을 주는 일을 피할 수 있다. 비교의 영역을 넓히면 좀 더 많은 사람과 자기 모습을 견주어 볼 수 있다. 이러한 과정에서 세상이 돌아가는 일반 법칙을 읽어 내고, 그 속에서 자신은 어디쯤 서 있는지 감을 잡아간다.

　이렇듯 비교는 세상과 자신을 이해하는 데에 매우 유용한 도구이다. 게다가 우리는 비교를 통해 성장하기도 한다. 아이는 부모를 흉내 낸다. 비교 대상처럼 되고 싶다는 소망은 동경심과 부러움을 자극하여 "나도 엄마처럼 아기 안아줄래요!", "나도 아빠처럼 힘이 세요!"와 같은 모방 행동을 하게 만든다. 그리고 아이는 이러한 모방을 통해 새로운 행동, 관념, 대처 방식 등을 습득한다. 다 큰 어른도 비교를 발판 삼아 성장할 때가 있다. 무기력감이 온몸을 휘감은 어느 날엔, 하루를 48시간처럼 알차게 사는 유튜버의 브이로그(Vlog)에서 열정을 빌려온다. 요리 블로거를 따라 손수 음식을 해 먹으며 건강해졌다는 사람, 운동 인플루언서를 보며 체중을 감량했다는 사람도 여럿 있다. 이렇게 동경하는 삶에 한 발짝 가까워진다.

　뜻밖에도 비교는 이따금 우리를 위로한다. 심리적 문제는 지극히 개인적이다. 그래서 당사자가 그 문제를 꺼내어 공유하기 전까지는 개인의 것으로만 머물러 있다. 비교선상에 올라서 본 적 없는 심리적 문제는 '나만 유별나다, 나만 모자라다, 나만 불행하다'와 같이 절대적인 것으로 오인되기 쉽고, 이때 당사자의 고통은 극심할 수밖에 없다.

하지만 나만의 것이던 문제가 바깥세상으로 나오면 타인의 것들과의 비교를 거쳐 새로운 옷을 입는다. 나만 힘들다고 생각했던 문제가 사실은 누구나 흔히 겪을 수 있는 일인 걸 보면서 적어도 내가 별종은 아니라는 생각에 묘한 안도감이 든다. 나만 멍청해서 길을 잃었다고 생각했는데 자신처럼 길을 잃고 방황하는 무리를 발견하고는 '아, 이 미로가 원래 어려운 거였어!'와 같은 위로를 얻는다. 해저까지 내려갔던 고통도 비교적 적절한 수위를 찾는다.

때로는 나와 같은 어려움을 겪고 있지만 나와는 달리 '단순하게' 반응하는 사람을 보며 문제 해결의 실마리를 얻기도 한다. 나 혼자만 끙끙 앓던 유일하고도 특수한 문제가 사람이라면 누구나 겪을 법한 보편적인 일이 되면서 한결 가벼워진다. 이 정도 무게라면 지고 갈 수 있겠다는 용기가 생긴다. 따라서 비교를 나에게 유익한 방향으로 사용하면 삶의 원동력이 되기도 한다. 지금 겪고 있는 일상의 고통이 '나에게만' 해당하는 것 같다는 생각으로 혼자만 앓으면 멘탈에 금이 간다. '누구나' 겪을 수 있는 일이고 또 '누구나' 극복할 수 있는 일이라는 생각으로 헤쳐 나가 보자.

뿌리가 깊으면 흔들리지 않는다

약은 어떻게 쓰는지에 따라 몸에 이로울 수도 있고 해로울 수도 있다. 비교 역시 기본적으로는 유용하지만 잘못 쓰면 정신에 독이 된다. 오남용하기 쉬운 비교의 속성은 무엇일까?

첫째, 비교는 결함을 자극한다. 본디 비교란 길고 짧음, 크고 작음과 같은 차이점을 발견하는 도구라고 소개한 바 있다. 그런데 차이를 '결함'으로 인식하기 시작하면 괴로워진다. 어느 날 우연히 길에서 고등학교 동창을 만났다고 치자.

수수한 차림의 당신과 달리 친구는 딱 봐도 비싼 옷을 걸치고 있다. 그중에서도 당신의 시선을 사로잡은 것은 대문짝만하게 명품 로고가 박힌 친구의 가방이다. 그걸 보고 있자니 명품은커녕 하도 들고 다녀서 때가 탄 당신의 에코백이 초라하게 느껴진다. 로고의 결함을 인식하자 그전까지 튼튼하고 편리한 제품으로서 충분한 역할을 했던 에코백의 가치가 급락한다.

비교를 잘못 사용하면 코딱지만 한 결함도 대문짝만하게 보인다. 친구의 아들이 전교 1등을 했다는 소식을 들으면 전교권에 들어본 적이 없는 우리 아들은 괜히 탐탁지 않고, 특진자 명단에서 입사 동기의 이름을 발견하면 나는 왜 빠르게 승진하지 못하는지 조바심이 난다. 집이 없다는 사실이 불편한 정도라면, "쟤는 집이 있는데 나는 집이 없다"라는 사실은 비참하다. 여기다가 '만'이라는 보조사 하나만 더 붙이면 결함의 끝판왕을 경험할 수 있다.

"쟤들은 다 집이 있는데 나만 집이 없네."

결함의 존재감이 무시할 수 없을 정도로 커지면 어김없이 불만족감, 열등감, 상대적 박탈감이 따라붙는다.

둘째, 비교는 끊임없이 움직인다. 전교 1등이 아닌 우리 아들이 대견해 보일 때가 있다. 옆집 아들은 아예 등교를 거부하고 PC방에만 틀어박혀 산다는 이야기를 들은 날이다. 그래도 학교는 다니는, 그래도 반에서 중간은 가는 우리 아들이 갑자기 기특하다. 그리고 그런 아들을 둔 내 인생 정도면 썩 괜찮은 것 같다.

그러나 비교 선상에서 우위를 차지함으로써 어렵사리 마련한 만족감은 매우 불안정하다. 비교의 대상과 기준이 바뀜에 따라 만족감도 언제든 박탈감으로 변하기 때문이다. 이런 식의 상대적 만족감에는 고약한 조건이 있다. 나보다 못한 존재가 꼭 있어야 한다. 그래서 비교가 주는 안정감에는 불안이 따른다. "내가 쟤보다는 낫다"라는 사실을 위안 삼으려면, "나도 언제든 쟤처럼 나빠질 수 있다"라는 전제에 동의해야 한다. 더군다나 비교 우위에 선 사람을 향해서는 시기심이 발동한다. 이미 만 평의 땅이 있어도 사돈네 땅이 나보다 한 평 더 많으면 배가 아픈 이유이다.

마지막으로 비교는 겉으로 보이는 현상을 재료로 삼는 경향이 있다. 눈에 보이지 않는 대상은 직접 비교하기가 어렵다. '나는 저 사람에 비해 자신감이 부족해'라는 생각을 보자. 자신감을 저울로 달아볼 수 없으니 먼저 목소리 크기, 꼿꼿한 자세, 올라간 입꼬리, 자연스러운 시선과 같은 표면적인 특징을 가지고 상대가 지닌 자신감의 무게를 추정할 것이다. 그리고 자신이 느끼는 주관적인 자신감의 무게와 추정값을 비교할 것이다. 이에 비해 외모나 숫자처럼 겉으로 드러나는 현상은 직접 비교할 수 있다. 각종 온라인 플랫폼에서 앞다투어 자극적인 콘텐츠를 내놓는 목적은 결국 조회 수, 좋아요, 구독자 수에서 우위를 차지하기 위함이 아닌가?

이렇게 비교가 난무하는 세상에서 어떻게 하면 멘탈을 지킬 수 있을까? 한쪽으로 치우친 저울의 균형을 바로잡는 방법은 반대쪽의 무게를 늘리는 것이다. 가변적이고 피상적인 성질에 자꾸만 마음을 뺏긴다면, 쉽게 변하지 않는 본질적인 것들에 더 눈길을 주면 된다.

지금 어떤 이유로 이 책을 읽고 있는가? 유리 멘탈을 건강하게 만들고 싶어서? 책 표지가 마음에 들어서? 카페에서 독서하는 모습을 찍어서 스토리에 올리려고? 아니면 (부디 그러길 바라며) 이 책이 요즘 핫 하다고 해서? 뭐든 좋다. 책을 아예 읽지 않는 것보다는 어떤 동기에서든 일단 첫 장을 넘긴 사람이 훨씬 이득이다. 나도 때로는 카페에서 분위기를 잡으려고 책을 펼쳤다가 많은 교훈을 얻을 때가 있다. 기왕에 책을 펼쳤으니 이참에 독서의 본질에 좀 더 가까이 다가가 보자.

독서의 본질은 '앎'일 것이다. 몰랐던 사실을 새롭게 아는 것, 어렴풋이 알았지만 흩어져 있던 지식을 정리하는 것,

습득한 지식이 몸에 배어 진짜 실력이 되도록 다시금 뇌리에 새기는 것. 이러한 본질에 충실할 때 오는 즐거움이 있다. 뿌옇던 시야가 밝아지고 갈팡질팡하던 정신이 바로 선 느낌, 딱 내 마음 같은 문장을 읽었을 때의 짜릿함, 새로운 세계에 대한 호기심, 미래에 대한 기대, 과거에 대한 이해 그리고 위로. 독서가 주는 것은 이렇게나 많다.

본질은 깊은 곳에 있다. 깊이 뿌리를 내리고 있기에 밖에서 어떤 바람이 불어와도 흩날리지 않는다. 이렇게 본질에 충실한 행위, 시간, 만남, 물건으로 가득 찬 하루에는 당신만의 고유한 색이 담긴다. 그 색이 예상보다 밋밋할지는 몰라도 나름대로 만족스러울 것이라 믿는다.

당신의 존재는 어떠한가? 인류의 역사상 수도 없이 많은 사람이 살다 갔지만 그중에서 당신과 똑같은 사람은 아무도 없었다. 이것만으로도 당신의 고유성은 충분히 입증된다. 그런 의미에서 당신은 유일무이한 존재다. 화려하거나 웅대하지 않더라도 차곡차곡 쌓아 올린 본질로 꽉 찬 존재,

이 정도의 담백함으로 자신의 고유성을 받아들이면 좋겠다. 그러면 살다가 잠깐씩은 비교에 흔들려도, 든든하게 자리 잡은 뿌리가 당신을 붙들어 줄 것이다.

온전한 멘탈과 멀어지는 지름길
'완벽주의'

제훈 씨는 집안 살림을 도맡아 하고 있다. 겉으로 보기엔 아내 손에 물 한 방울 묻히지 않는 지극한 애처가인데, 그 이면에는 반전이 있다. 사실 제훈 씨는 아내의 살림 솜씨가 영 마음에 들지 않았다. 설거지를 할 때는 뽀드득 소리가 날 때까지 맨손으로 그릇을 닦아야 직성이 풀리는 그와 달리, 아내는 식기세척기를 쓴다는 것부터 시작해서 양치한 후 세면대의 물기를 제거하지 않는 것, 색이 다른 옷을 분류하지 않고 한 서랍에 넣는 것도 싫었다. 자취할 때 제훈 씨는 모든 살림을 한 치의 오차도 없이 완벽하게 해냈다. 그런데 결혼

후부터는 그 완벽한 세상이 무너지고 있었다. 그 꼴을 견디기가 힘들어서 제훈 씨는 끊임없이 쓸고, 닦고, 정리했다. 사실 아내도 그런 남편의 불만을 고스란히 느끼고 있었다. 못마땅함은 한숨으로, 굳게 다문 입술로, 무정한 눈빛으로 전달되었고, 참다못한 아내가 "불만 있으면 말로 해"라고 적막을 깨는 날엔 부부싸움이 벌어졌다.

제훈 씨의 완벽주의는 회사에서도 유명했다. 발표 자료를 만들면 눈에 띌까 말까 한 작은 요소들까지 모두 정렬을 맞추도록 거듭 수정했다. 제훈 씨가 만든 자료의 완성도가 높긴 했지만 너무 오래 걸리는 게 문제였다. 종종 업무 기한을 놓치거나 미완성 상태로 동료에게 넘겨야 하는 사태가 벌어지기도 했다. 20대에는 온 힘을 쏟아서 자신만의 기준을 충족하는 게 가능했는데, 30대 중반이 되니 제훈 씨의 몸도 완벽주의를 견뎌 내질 못했다. 만성 구내염에 시달리고, 어깨는 벽돌을 얹은 것처럼 묵직한 데다가 보는 사람마다 안색이 안 좋다며 걱정했다.

완벽주의는 '결함 없이 완전함을 추구하는 태도'를 말한다. 하지만 역설적으로 완벽주의는 온전한 멘탈과 멀어지는 지름길이다. 완벽주의가 지닌 세 가지 특징 때문이다.

첫째, 완벽주의는 비현실적이다. 완벽주의자의 목표는 과하게 이상적이다. 상상할 수 있는 한 가장 완전한 세상, 완전한 타인, 완전한 자기 자신을 꿈꾸느라 가장 중요한 진리를 잊는다. 현실은 결코 완전하지 못하다는 사실이다. 불완전한 몸뚱이로 불완전한 세상에 발을 딛고 살면서도 이 세계가 원래 불완전하다는 이치를 도무지 인정하지 못한다. 물론 더 나은, 더 좋은 것을 싫어할 사람은 없다. 하지만 희망할 뿐이지 꼭 그래야만 한다고 생각하지는 않는다. 따라서 현 상태를 개선하기 위해 노력하면서도 한편으로는 인생에 뚫린 수두룩한 구멍들을 그대로 받아들인다. 반면 완벽주의자는 모든 구멍을 메우는 데 온몸과 시간과 정성을 다 바친다. 만에 하나 구멍들을 성공적으로 메운다고 하더라도, 그러면서 놓쳐 버린 기회와 상해 버린 저 자신은 생각하지 못한다.

둘째, 완벽주의는 경직되어 있다. 완벽주의자의 생각은 구부러지지 않는 각목처럼 완고해서 도무지 타협을 견디지 못한다. 만약 제훈 씨가 세면대의 물기는 하루 한 번 몰아서 제거한다거나, 기름기가 많은 그릇만 손으로 닦는 식으로 청결에 대한 기준을 조금만 내려놓았다면 어땠을까? 그럭저럭 깨끗한 집에서 살 수 있었을 것이다. 아내를 집안일에서 배제할 게 아니라 일부는 자신의 요구를 관철하고 일부는 양보하면서 역할을 분담했다면 어땠을까? 적어도 아내의 인심을 몽땅 잃거나 구내염을 달고 살지는 않았을 것이다.

완벽주의자는 세상을 이분법적으로 보는 경향이 있다. 그래서 모든 일을 모 아니면 도, 성공 아니면 실패, 'All or Nothing'으로 받아들인다. 하지만 우리가 사는 세상은 어정쩡한 회색 지대에서 상황에 맞게 요리조리 몸을 굽혀야 할 때도 있고, 빨주노초파남보의 여러 색깔을 써야 할 때도 있다. 이런 유연함 없이는 강풍 앞에서 우지끈 부러지고 만다.

셋째, 완벽주의의 바탕에는 두려움이 있다. 두려움의 내용에는 개인차가 있지만 대개 완벽해야만 하는 조건 또는 완벽하지 못하면 발생할 부정적인 결과를 담고 있다.

"나는 완벽해야만 가치를 인정받는다. 완벽하지 못하면 나의 결점이 모두에게 드러날 것이다. 실패하면 인생이 망할 것이다."

이렇게 완벽주의가 그리는 불완전함의 결과는 극단적으로 나쁘고 위협적이다. 그 끝으로 치닫는 것이 너무 두려워서 완벽주의자는 고단함을 무릅쓰고라도 불완전함으로부터 도망치려고 한다.

해지고 바랜 인생의 귀퉁이도
너그럽게 봐주자

완벽을 향한 필사적인 몸부림은 어떤 결과를 가져올까? 노력하다 보면 완벽함에 준하는 수준에는 이르지 않을까? 그러면 억울하지는 않으련만 애석하게도 완벽주의의 결과는 지극히 허술할 때가 많다. 특히 학교나 직장처럼 수행과 성취가 중요한 곳에서 완벽주의는 완전히 비효율적이다. 처음부터 완벽하게 해내겠다고 생각하면 과제의 난이도가 껑충 뛰어올라서 부담감이 커진다. 가끔 심리검사를 받으러 오는 학생 중에는 지능과 주의력에 문제가 없고 성품도 착실한데 기한 내에 과제를 마치지 못하는 경우가 있다. 이들은 머릿속으로 이상적인 작품을 구상하느라 미처 도화지로는 옮기지 못하거나 시작하더라도 마음에 들 때까지 수정하느라 시간을 보냈다.

완벽주의자는 자기가 세운 자질구레한 규칙과 질서를 중요시해서 진도를 나가는 데 더디다. 그 규칙과 질서 또한 기준점이 높은데, 간혹 뛰어난 능력으로 충족시켜서 목표치를 달성하는 사람도 있다. 하지만 사는 동안 연이어 성공만 하는 건 불가능하므로 다음에는 실패할지도 모른다는 불안감에 시달린다. 그리고 남이 볼 때 괜찮은 성취를 했더라도 스스로 세운 '완전한' 경지에는 이르지 못했다고 아쉬워한다. 여간해서는 만족감을 느끼지 못하는 것이다.

대인관계는 어떨까? 사람을 사귈 때는 절대불변의 원칙이나 통제가 잘 통하지 않는다. 서로 의견이 다르면 적당히 타협할 줄 알아야 하고, 상황에 맞게 융통성도 발휘해야 한다. 그러나 완벽주의자는 높은 기준을 달성하는 데에 급급해서 '살다 보면 그럴 수 있는 일들'을 좀처럼 받아들이지 못한다. 땅을 밟고 살면서 먼지 한 톨 묻지 않을 거라 기대하는 것은 비현실적이다. "나 자신에게만 엄격하지, 남에게는 강요하지 않는다"라는 말은 비겁한 변명이다. '최소한'이나 '당연함'으로 둔갑한 완벽주의는 소리 없이 타인을 정죄한다. 하한선도 충족시키지 못하는 한심한 인간, 자격 미달인 인간이라며 경멸과 실망의 눈초리를 보낸다.

고백하자면 나에게도 약간의 완벽주의적인 성향이 있었다. 그런데 사회생활을 통해 조금씩 깎여 나가던 완벽주의가 아예 고운 가루가 되어 버린 계기가 있었으니, 그건 바로 육아다. 아이를 키우면서 원래 내 마음대로 되지 않는 게 세상의 기본값이라는 사실을 뼈저리게 느낀다. 동시에 엄마를 빼닮은 아이를 보며 나보다는 유연한 마음 자세를 갖기를 바라는 소망과 책임감도 생긴다.

요즘 나는 매일 남매 사이에 벌어지는 다툼을 중재하느라 바쁘다. 야무지기로 둘째가라면 서러운 딸아이가 정성껏 창작 활동을 하고 있으면, 기운이 펄펄 넘치는 장난꾸러기

아들이 누나의 작품을 망쳐놓는다. 그날도 딸은 예술혼을 발휘하여 공주님의 드레스를 색칠하고 있었다. 그런데 어디선가 혜성처럼 나타난 아들이 검정 색연필로 그림 한가운데에 선을 찍 그어 버렸다. 속으로는 '으악, 안 돼!'를 외치며 나는 즉시 둘을 떼어놓은 후 아들을 따끔하게 혼냈다. 그다음은 잔뜩 울상이 된 딸아이를 달랠 차례이다.

이런 일이 생길 때마다 나는 두 단계로 대처한다. 먼저 작품에 생긴 오점을 관찰한다. 처음엔 그저 흉한 검정 선이지만 찬찬히 뜯어보면 나름의 활용 방안을 찾아낼 수 있다. 그런 다음에 창의력을 발휘해서 오점을 소생시킨다.

"에구구. 동생이 공주님 어깨에다가 선을 그어버렸네. 우리 딸 속상했겠다. 그런데 선 하나 그어졌다고 그림이 다 망가지는 건 아니야. 엄마랑 이 선으로 공주님한테 예쁜 망토를 만들어주는 거 어때?"

공주님의 어깨에 그어진 선을 따라 알록달록하게 색을 입혔더니 제법 봐줄 만한 거적, 아니지, 공주님 망토가 되었다. 그 후로도 이런 소란은 종종 있지만 오점 하나 생겼다고 끝이 아님을 배운 딸은 이전보다 훨씬 의연하게 대처한다.

물론 모든 오점이 멋진 작품으로 되살아날 수는 없다. 그러니 속상할 수밖에 없다. 하지만 그게 전부다. 가슴이 무척 쓰라리긴 해도 차차 아물 것이다. 조금만 힘을 빼고 속상함이 머물다 지나가도록 기다리자. 마음이 회복될 즈음엔 분명 숨어 있던 기회들이 빼꼼히 고개를 내밀 것이다.

완벽은 본래 '흠이 없는 구슬'이라는 뜻이다. 그 구슬을 무균실에 넣고 보존하면 완벽함을 오래오래 유지할 수 있다. 하지만 삶이란 무균실에 고이 보관되는 전시물이 아니다. 시간에 따라 변하는 역동적인 흐름이다. 태어난 순간부터 우리는 많은 시도와 실패를 경험하며 조금씩 변해간다. 따라서 흘러가는 인생에서 완벽을 추구한다는 것은 미신이나 다름없다.

이 세상은 원래 불완전하니 아예 넝마가 되도록 방치하자는 말은 아니다. 다만 허구의 완벽이 아닌 현실의 최선을 택하자. 뜻대로 되지 않아 씁쓸할 때가 분명 많겠지만 다시 씩씩하게 삶을 채색해 가자. 당신이 오점이라 여기는 그 실패는, 사실 열심히 살아 보고자 노력하다 생긴 대견한 발자취이다. 그러니 해지고 빛이 바랜 인생의 귀퉁이도 너그럽게 봐주자. 어떻게든 포기하지 않고, 고쳐 쓰려 애쓴 당신과 그런 당신의 손때가 묻은 인생을 사랑스럽게 여기자. 인생은 완벽하지는 않아도 충분히 아름답다.

마음으로 때우겠다는 생각, 자책

　인생은 해석이라고 했던가? 사람은 단지 사건을 경험하는 것에 그치지 않고 자신만의 방식으로 설명하려고 한다. 그중에서도 사건의 원인을 추론하는 과정을 심리학 용어로 귀인(Attribution)이라고 한다. 같은 일이라도 어떻게 해석하느냐에 따라 멘탈에 미치는 영향이 달라진다. 여기 취업을 준비하는 두 대학생, A와 B의 이야기를 들어보자.

　A와 B는 취업 준비 모임에서 알게 된 동갑내기 친구이다. 둘 다 웬만한 회사에서 요구하는 스펙을 갖추고 있지만

안타깝게도 취업 시장에서는 번번이 고배를 마시고 있다. 그렇게 버텨 오기를 1년, A의 멘탈은 그야말로 깨지기 일보 직전이다. 얼마 전 가고 싶은 회사의 최종 면접에서 탈락한 후로는 몇 주째 폐인처럼 사는 중이다. 자소서는 그렇게도 안 써지더니 자책 시나리오는 봇물 터지듯 쏟아져 나온다. 결국엔 그냥 내가 나라서 문제라는 생각까지 든다.

'이게 다 비인기 전공을 선택한 내 탓, S대를 나오지 못한 내 탓, 타고난 말주변이 없는 내 탓이야. 쓸모없는 인간… 알바만 전전하다 늙어 버리겠지. 살아서 뭐 해? 다 그만두고 싶다.'

A가 우울의 늪에서 허우적거리는 동안 B는 씁쓸한 마음을 부여잡고 하반기 신입 모집 일정을 확인하고 있었다. B 역시 탈락 문자를 받을 때마다 멘탈이 탈탈 털리는 건 어쩔 수 없다. 하지만 B는 취업이 어려워진 가장 큰 이유를 자신에게서 찾지 않았다. 팬데믹 이후의 경기 불황 때문이라고 생각했다. 대기업에서 공채로 신입을 뽑는 비중이 크게 줄

어들었고, 규모가 작은 회사들도 경력직이 아니면 서류조차 통과시키지 않았다. 이런 쓰디쓴 현실의 모든 책임을 자신에게로 돌리는 건 너무 가혹한 처사이며, 지금 상황에 아무런 도움이 되지 않는다고 생각했다.

귀인은 사건의 원인을 어디에서 찾느냐에 따라 두 가지로 나뉜다. A처럼 사건의 원인을 개인적인 요인에서 찾으면 '내부 귀인'이고, B처럼 개인이 통제할 수 없는 상황으로 돌리면 '외부 귀인'이다. 많은 연구에 따르면, 우울한 사람들은 부정적인 사건에 대해 내부 귀인 양식을 사용하는 경향이 높다고 한다. A의 모습에서 볼 수 있듯이 이들은 자신을 탓한다.

"영어 점수가 낮은 걸 보니 나는 '지능'이 낮은가 봐"처럼 쉽게 개선할 수 없는 특성을 콕 집어 약점으로 받아들이거나 "이번에도 떨어지면 나는 '평생' 밥벌이도 못 하고 늙어 죽을 거야"라며 사건의 영향력이 너무 커서 인생 전반에 재를 뿌릴 거라 믿는다. 긍정적인 사건에 대해서도 가차 없이 자신의 공을 내리깎는다. 좋은 일은 '어쩌다 운 좋게', '이번 한 번만' 일어났을 뿐이며, '겨우 이깟 일로' 인생이 나아질 리가 없다고 잔뜩 초를 친다. 정말이지 멀쩡한 사람도 삽시간에 우울해지는 생각이다.

자책은 우울을 너무 좋아해서, 우울과 멀어지지 않기 위해서라면 어떤 일도 마다하지 않는다. 원래 비난은 동기 부여에 좋은 재료가 아니다. 남에게 욕을 먹어 본 경험을 떠올려 보자. 처음에는 정신이 번쩍 들거나 오기가 생겨서 각성할 수 있다. 하지만 계속 욕을 먹으면 사정이 달라진다. 자신감과 용기는 시들어 가고 문제 해결에 필요한 힘도 점점 사라진다. 자책할 때도 크게 다르지 않다. 상처로 인해 아파하느라 진짜 어려운 상황을 타개하는 것에는 시간과 에너지를 쓰지 못한다. 방치된 상황은 점차 나빠지고, 나빠진 상황은 끊임없이 자책에 땔감을 넣어서 우울이 꺼지지 않게 한다.

자책은 교묘한 속임수를 쓰기도 한다. 자신에게 채찍질하는 사람에게는 함부로 싫은 소리를 할 수가 없다. 이미 충분히 후회하고 힘들어하는 사람에게 굳이 나까지 한 소리 보 탰다가 도리어 나쁜 인간으로 비칠 게 뻔하니까. 비슷한 일 이 내면에서도 일어난다. 자기 잘못을 스스로 꾸짖고 나면 이로써 잘못에 대한 책임을 다한 것만 같은 착각이 든다. 하 지만 그건 반쪽짜리 책임이다.

학교에서 체벌이 통하던 시절에는 몸으로 때운다는 개 념이 있었다. 숙제를 하지 않은 대가로 몇 대 맞는 것이다. 그러면 대가는 치렀지만 숙제는 여전히 미완성인 채로 남 아 있다. 지나친 자책은 마음으로 때우는 일이다. 자기 마음 을 흠씬 두들겨 패는 것으로 죗값을 치렀다고 생각하는 것이 다. 마음은 면책을 얻었을지 몰라도, 실수를 수습하고 실력 을 쌓아 상황을 진짜 나아지게 만드는 숙제는 시작도 하지 않은 셈이다. 이런 일이 반복되면 그 인생은 발전할 기회를 잃는다.

내 인생을 책임지고
하루하루 나아가는 법

분실물 보관함에는 주인을 잃은 물건들이 잡다하게 쌓여 있다. 분실물을 처리하는 방법은 그것들을 죄다 끌어안고 사는 게 아니라 저마다 주인을 찾아서 돌려주는 것이다. 지나친 자책을 다루는 방법도 비슷하다. 모든 책임을 자기 것으로 끌어안겠다는 생각을 버리자. 건강하지도, 유익하지도, 효율적이지도 않다. 이제는 갈 곳 잃은 책임들의 주인을 찾아서 돌려줄 시간이다.

먼저 노트를 펼쳐서 당신을 끊임없이 자책하게 만드는 사건에 대해 구체적으로 적고, 머릿속에 맴도는 자책 시나리오를 적어 보자. 다 썼으면 전체 내용을 훑어보며 이때 느끼는 감정은 무엇인지와 함께 느낌의 강도에 대해 점수도 매겨 보자. (1점: 거의 없음, 5점: 보통, 10점: 매우 강렬함).

이번에는 과연 이 불쾌한 경험이 어디에서 비롯했는지, 이 사건의 책임은 누구에게 있는지 객관적으로 따질 차례이다. 책임의 주인은 크게 셋이다. 당신 자신, 타인 그리고 상황. 여기에서 상황이란 개인이 통제할 수 없는 일들로, 자연재해나 사회구조적인 현상 등을 포함한다. 책임의 진짜 주인을 찾은 후에는 감정을 다시 평가해 보자. 오랜 취업 준비로 인해 만신창이가 된 A는 다음과 같이 적었다.

1. 나를 힘들게 만드는 상황: 1년째 취업 준비를 하고 있으나 아직도 취직에 성공하지 못했다.
2. 자책 시나리오: 이게 다 취직이 어려운 전공을 선택한 내 탓, S대를 나오지 못한 내 탓, 타고난 말주변이 없는 내 탓

이야. 쓸모없는 인간. 알바만 전전하다 늙어 버리겠지. 살아

서 뭐 해? 다 그만두고 싶다.

3. 자책할 때의 감정: 자괴감 10점, 무기력감 9점, 자포자기 7

점, 좌절감 8점

4. 책임의 진짜 주인은 누구일까?

자신의 책임	타인의 책임	상황의 책임
우울한 날에는 침대에만 누워 있어서 할 일을 못 한다. 벌써 몇몇 회사의 서류 제출 기간을 놓쳤다.	타인의 책임은 없는 것 같다.	팬데믹 이후의 경기 불황으로 인해 채용의 기회가 줄었다. 회사 측에서는 인사 관리의 위험성을 낮추기 위해 경력직을 선호한다.

5. 감정 재평가: 다 내가 못난 탓은 아닌가 보다. 다들 힘든 시

절을 지나고 있다. 그렇다면 자괴감은 6점, 무기력감은 7

점, 자포자기는 6점, 좌절감은 6점 정도로 떨어진다.

"에계계? 힘든 감정이 겨우 요만큼 줄어요?"

미안하지만 이거 몇 자 적는다고 갑자기 모든 고통이 몽땅 사라지진 않는다. 진작 눈치챘겠지만 나는 엄청나게 큰 복을 주겠다고 장담하는 사이비 교주가 아니다. 그저 당신처럼 녹록하지 않은 현실을 살아가는 평범한 상담사이다. 하지만 그렇기에 누구보다 현실적인 조언과 거짓 없는 위로를 전할 수 있다. 인생의 모든 짐이 단번에 사라질 마법은 앞으로도 영영 없겠지만 적어도 '나는 답도 없는 유리 멘탈'이라며 자신을 미워하는 데 인생을 낭비할 일도 없을 것이다.

이제 우리가 할 일은 무엇일까? 책임의 소재를 모두 밝혔으면 할 수 있는 일과 할 수 없는 일을 구분해야 한다. 우리는 바쁜 사람들이다. 새벽같이 일어나 출근 준비에, 애들 등교도 챙겨야 한다. 출근길에는 오늘 해야 할 일을 되새기면서 이 와중에 멘탈 챙긴다고 지하철 안에서 책도 읽는다. 그런 우리에게 무엇보다 중요한 건 우선순위이다. 당장 내가 할 수 있는 일과 없는 일을 구분하고 행하면 된다. 그게 내 인생을 책임지고 하루하루를 나아가는 방법이다.

A는 자책하느라 눈앞에 놓인 기회마저 발로 차 버리진 말자고 다짐했다. 먼저 무너진 생활 방식을 바로잡기 위해 취업 준비 모임 친구들과 도서관 앞에서 출석 체크를 시작했다. 자소서를 미루지 않으려고 하루에 30분은 무조건 뭐라도 쓰기로 했다. 회사가 몸을 사릴수록 경력의 유무가 중요하다는 사실을 알았으니, 원하는 회사를 공략하는 동시에 시간제로라도 유사 경력을 쌓을 수 있는 자리를 찾기로 했다.

만약 책임이 타인에게 있으면 어떻게 해야 할까? 그렇다면 알릴 것은 알리고, 접을 것은 접자. 당신이 피해를 본 것에 대해 현명하고도 무례하지 않게 상대에게 알리면 같은 해를 입지 않을 가능성이 증가한다. 권리와 관계를 모두 지켜 내는 기술도 훈련할 수 있다. 한편 상대가 도저히 용납할 수 없는 잘못을 했다면 관계를 정리하는 것도 좋다. 가망이 없는 일에 쏟을 에너지를 아낄 수 있다.

누구의 책임도 아닌, 그야말로 상황 때문에 벌어진 일이라면 일단 한 발짝 물러나서 지켜보자. 피해 사실에 너무 몰입하여 분노와 무기력감에 휩싸이는 것도, 삐딱한 냉소로 온 세상을 비웃기만 하는 것도 그리 유익하지 않다. 그렇다고 나와는 상관없다며 눈감아 버리면 언젠가는 무관심에 대한 책임을 물게 될 것이다. 한 발짝만 물러나서 내가 할 수 있는 일들을 해 나가자. 그러다 기회가 닿으면 상황이 휩쓸고 간 자리에서 잔해를 치우고 좋은 것을 쌓아 올리자. 인류의 역사에는 언제나 나쁜 일들이 있었고 한낱 개인은 속절없이 무너지고 말았다. 그러나 그 안에서도 사람들은 언제나 살아왔으며, 합심해서 세상의 열악함을 조금씩 고쳐 나갔다. 당신의 억울함과 고단함을 잘 안다. 하지만 우리 지지 말고 함께 살아가자.

한계 없는 삶 속에서
'좌절 인내력' 기르기

아마도 우리는 풍요의 시대를 살아가고 있는 듯하다. 해결되지 않은 빈곤의 문제들이 곳곳에 있기는 하지만 그래도 대다수의 생활 수준에 있어서는 유사 이래 가장 풍족한 시절임이 자명하다. 문명과 제도가 어느 정도 발달한 사회에서는 더 이상 각 개인이 생존을 위협하는 물리적인 문제와 씨름하지 않는다. 입에 풀칠하는 일보다는 마음을 건강히 먹여 살리는 일로 더 고민한다.

어쩌면 지금은 결핍만이 결핍된 시절인지도 모르겠다. 요즘 어린아이들을 상담하다 보면 심리적 고통은 심각한데 그에 비해 요인이 되었을 만한 생활 사건은 평이한 경우가 심심치 않게 있다. 처음에는 환경과 마음 간의 괴리가 의아해서 혹시 면담에서 놓쳤을지도 모를 가족 갈등, 외상(trauma) 사건, 발달 문제 등을 다시 꼼꼼히 검토했다. 하지만 끝내 극심한 결핍이나 스트레스 사건은 발견하지 못했다.

아이들의 일상은 사교육, 현장 학습, 여행, 넉넉한 물질 등으로 모자람이 없었고, 학교는 물론 그 어디에서도 꾸지람을 듣지 않으니 딱히 기가 죽을 일도 없었다. 어떤 면에서 아이들은 마치 우주를 유영하듯 거침없이 쭉쭉 뻗어 나가고 있었다. 그러나 나는 그 모습이 자유롭다기보다는 왠지 디딜 곳이 없이 부유하는 불안한 몸짓처럼 보이기도 했다.

결핍이 주는 상처 못지않게 무한한 풍요도 마음에 흉을 남긴다. 자기 힘으로 걸어 본 적이 없는 사람은 작은 돌부리에만 걸려 넘어져도 일어나지 못한다. 좌절을 감내하는 힘 '좌절 인내력'이 제대로 발달하지 않기 때문이다. 운이 좋아서 인생에 아무런 시련이 없었다 해도 다른 문제가 기다리고 있다. 이들은 장기적인 목표를 달성하지 못한다. 눈앞에 놓인 즐거움을 쫓아야 직성이 풀리고, 더 큰 만족을 얻기 위해 작은 만족을 포기할 줄 모른다. 조금만 힘들어도 그만두고 조금만 지루해도 한눈을 판다. 결국 성취가 없다. 아무것도 성취하지 못한다는 건 계속 실패한다는 뜻이기도 하다. 그러면서 자기 능력에 대한 자신감, 즉 자기 효능감(Self-Efficacy)은 계속 떨어진다. 그래서 작은 일에도 도전하지 못하고, 도전한다 해도 그것을 끝까지 지속하지 못한다.

한계 없는 감정, 욕구, 충동은 개인뿐 아니라 타인의 영역까지 침범한다. 한계를 모르고서는 조절을 배우기 어렵다. 자기 견해와 감정은 정당하다고 믿으며, 그렇기에 모두 드러내도 되고 모두 존중받아야만 한다고 생각한다. 무인도에서야 혼자 내키는 대로 내뱉어 봤자 목이나 쉬고 말겠지만 사회에서의 방종은 반드시 타인에게 피해를 준다. 그런데 한계를 모르면 자신이 끼친 피해에 대해 책임질 수가 없다. 책임감은 의무에 관한 느낌이고, 의무는 의지를 요구하기 때문이다. 의지는 빨간불 앞에서 멈추고 단념해 본 경험을 통해서 길러지는데, 인생에서 빨간불이 켜진 적 없었다면 그 앞에 설 근력을 키울 기회도 없었을 것이다. 마땅히 책임을 다하지 않으면 서로를 더 나은 모습으로 발전시키는 성숙한 대인 관계에는 참여할 수 없다. 세상에 공짜는 없는 법. 홀가분하게 살 때야 좋겠지만 혼자서 도저히 해결할 수 없는 문제를 맞닥뜨렸을 때는 외롭고 쓸쓸하게 모든 짐을 져야 한다.

한계를 지으면 정신 건강에 해로울 거라는 선입견이 있다. 한계는 기를 죽이고, 초를 치고, 열정을 꺾고, 자존감을 깎아내리며, 자유를 속박할 거라 착각한다. 하지만 제한선으로 인해 생기는 답답함보다 제한선의 부재로 인해 생기는 방종이 더 위험하다. 한계는 중력과 닮았다. 잡아당기는 힘을 속박으로 본다면 성가시다. 그러나 그 힘 없이는 땅을 딛고 서 있을 수 없다. 당신은 필요한 만큼의 중력을 견디고 있는가?

사람은 한계를 통해
성숙하고 성장한다

갓 태어난 아기에게는 물 밖에서의 삶이 아직 익숙하지 않다. 그래서 허공에서 팔다리를 파닥거리다가 제 움직임에 흠칫 놀라곤 한다. 아기를 진정시키는 한 가지 방법은 속싸개로 팔다리를 단단히 감싸서 움직임을 제한해 주는 것이다. 1년쯤 지나서 걸음마를 시작한 아기는 이제 더 명확히 한계를 배운다. 돌멩이를 집어삼키려 할 때, 가스레인지로 손을 뻗으려 할 때마다 부모는 단호한 목소리로 "안 돼!" 하고 신호를 준다. 그 신호 덕에 아기는 해도 되는 일과 해서는 안 되는 일 사이에서 충동과 욕구를 조절하며 이전보다 더 안전하고도 자유롭게 세상을 탐색하기 시작한다.

한계를 모르는 사람은 허용과 금지에 대한 지식 자체가 없거나, 어렴풋이 제한선을 알더라도 그 앞에서 자기의 충동과 욕구를 통제할 힘이 부족하다. 한계에 대한 지식은 훈육을 통해 배울 수 있고, 그 지식에 따라 실제로 살아 내는 힘은 가정에서, 학교에서, 또래 관계에서 훈련된다. 그런데 성장기에 적절한 훈육과 훈련을 받지 못했다면, 그래서 한계가 손상된 채로 다 커 버렸다면 어떻게 해야 할까? 지금부터라도 배움과 단련을 통해 한계를 마련해야 한다. 조금 어렵겠지만 자기 스스로 부모와 스승의 역할을 해야 한다. 성인은 그렇게 할 수 있고, 또 그렇게 해야만 어른이다.

먼저 배워야 할 한계는 도덕에 관한 것이다. 사람은 모두 양심이라는 탐지기를 장착한 채 태어난다. 처음에는 별 기능이 없던 이 탐지기는 좋은 교육을 통해 점차 고차원적으로 업그레이드되고, 여러 사람과 부대끼면서 더 미세하고 정확하게 조정된다. 구성원들이 유능한 탐지기를 장착하고 있는 사회는 도덕적으로 성숙하다. 성인이 되면 자기 양심의 버전을 수시로 점검해야 한다. 남보다 뒤떨어진 구석이 있을 땐 독서, 공부, 강의 등 어떤 스승을 모셔서라도 상위 버전으로 업그레이드할 줄 알아야 한다. 나도 모르게 이기적인 얌체가 되어 있지는 않은지, 경악스러운 뻔뻔함으로 공동체의 분위기를 흐리고 있지는 않은지 살펴야 한다. 비교는 이렇게 해야 하고 눈치는 이럴 때 봐야 한다. 탐지기가 녹슬지 않도록 적절한 수치심으로 기름칠하면 더욱 좋다.

그다음으로는 속도 조절 능력을 길러야 한다. 제한선 밖으로 삐져나오려는 욕구와 충동은 주로 한 가지 목적지, 즉 쾌감을 향해 돌진한다. 솟아오르는 욕설을 입 밖으로 배출했을 때의 시원함, 알람 시계를 끄고 다시 침대로 몸을 던졌을 때의 안락함, 따분한 일을 당장 때려치울 때의 홀가분함, 지름신의 계시를 따라 과소비했을 때의 포만감. 하지만 잠시 잠깐 마음을 부풀렸던 쾌감은 이내 바람 빠진 풍선처럼 쉭 꺼진다. 그 뒤로는 갈등, 나태, 무능, 몰락, 그리고 이전보다 더 나빠진 현실만이 잇따른다. 순간적인 쾌감을 향해 돌진하는 마음에 제동을 걸어야 한다. 모든 즐거움을 배제하는 금욕주의로 살자는 게 아니라 속도를 늦추자는 뜻이다.

코앞의 쾌감을 쫓는 사람은 충동과 행동, 욕구와 행동 사이에 틈이 없다. 그래서 이 사이에 뭔가를 끼워 넣는 것만으로도 과속을 방지할 수 있다. 유혹에 취약할 즈음 휴대전화 알람이 울리도록 설정해 두자. 예를 들어 월급을 받자마자 다 써 버리는 사람이라면 휴대전화 스케줄러에 충동구매를 방지할 짧은 문구를 적어서 월급날마다 울리게 할 수 있다. 작은 방지턱 하나가 결제 버튼을 누르려는 당신을 멈칫하게 만들 테고, 그 사이에 다른 행동을 선택할 기회가 생긴다. 이렇게 하면 똑같은 실패에 처박힐 위험을 조금이나마 줄일 수 있다.

충동이 일어날 때마다 마음속으로 "멈춰", "스톱"이라고 말하거나 신호등의 빨간불 이미지, 정지 버튼을 누르는 장면 등을 떠올리는 방법도 있다. 이것만으로 충동을 멈추기가 힘들 때는 아예 적극적으로 몸을 움직여서 분위기를 전환해야 한다. 원래 하려던 일과 전혀 다른 행동을 하거나 아예 장소를 바꿔 보자. 쇼핑몰 앱을 켜기 전에 일단 점심부터 먹고 오는 거다. 식후에 이것저것 일을 처리하다 보면 금방 시간이 흐를 테고, 그러다 밤이 되면 굳이 쇼핑한답시고 힘을 뺄게 아니라 푹 자 버리면 된다. 기어코 사야겠다면 내일 사도 되니까.

입 밖으로 욕이 튀어나오려고 할 때는 일단 물을 마시자. 목을 충분히 축이고 숨도 크게 들이쉰 다음에도 욕을 해야만 속이 시원하겠다면 말리진 않겠다. 그런데 욕은 타이밍이다. 이제 와서 욕을 한다 한들 기대만큼 맛깔나거나 속이 후련하진 않을 것이다. 타이밍을 놓친 김에 참아 보는 건 어떨까? 영양가도 없는 악다구니를 치는 대신 한 번만 더 숨을 고르면 품위와 관계를 모두 지킬 수 있다. 이렇게 한 번, 두 번 쾌감을 미루는 만큼 부정적인 결과와도 점점 멀어진다.

마지막으로 할 일은 견디는 것이다. 근력은 고통을 견디면서 성장한다. 무거운 아령을 내려놓고 싶은 욕구에 저항하면서, 허벅지가 타는 듯한 통증을 딛고 다리를 들어 올리면서 힘이 길러진다. 이처럼 가치 있는 것을 얻기 위해서는 어느 정도의 불편과 고통을 참는 과정이 필요하다. 일시적인 만족감을 포기하고 성장을 향한 불편을 감내할 때 실력은 무섭게 성장한다. 따분함과 고단함을 참아 내며 작은 일부터 하나씩 성취해 나갈 때 진정한 자신감이 생긴다. 침대로 드러눕게 만드는 달콤한 속삭임, 어떤 짓을 해도 '오냐 오냐' 하는 무분별한 관용 그리고 힘들면 그만두라는 기만적인 위로로부터 당신의 소중한 인생을 지켜야 한다. 한계 앞에 의젓하게 서자. 의젓함이 주는 위로를 맛보게 될 것이다.

마음의 자세를 곧게 하는
생각 교정술

우리는 마음의 자세를 바로 하기 위해서 경계해야 할 생각으로 지나친 비교 의식, 완벽주의, 자책에 대해 살펴보았다. 그리고 손상된 한계를 복구하고 의젓하게 불편을 견딤으로써 마음을 반듯하게 세우는 것에 힘을 보탰다. 하지만 살다 보면 결심이 흐려지기도 하고 잊히기도 해서 다시 이전의 삐딱한 생각으로 돌아가곤 한다. 오래도록 바른 생각을 유지하기 위해서는 어떤 마음 자세를 가져야 할까?

마음의 자세도 셀프로 교정하는 방법이 있다. 자신의 마음에 대해 반성하고 살피는 일, 바로 성찰을 통해서 가능하다. 성찰이라고 하면 왠지 폭포 앞에 가부좌를 틀고 앉아 있는 도인의 이미지가 떠오를지도 모른다. 현실과는 무관한 뜬구름 잡는 이야기처럼 들릴 수도 있다. 이러한 선입견과는 달리 성찰은 매우 명확하고 실리적인 행위이다. 성찰은 현실을 살아가는 우리의 마음을 실제로 먹여 살린다.

심리학에서는 성찰이란 말 대신 내성(Introspection)이라는 용어를 쓰기도 한다. 특히 생각의 감독관이 되어 자기의 인지 과정을 관찰하고 지휘하는 것을 메타인지(Metacognition)라고 부른다. 자신의 마음을 살피는 능력은 정신 건강뿐 아니라 학습, 성취, 대인관계를 비롯해 삶 전반에도 관여한다. 심리 상담도 내담자의 성찰 능력을 길러주는 역할을 한다.

처음에는 영문도 모른 채 사건에 휘둘리며 고통을 당하던 내담자가, 상담자와의 훈련을 통해 자기 생각과 감정을 자각하고 해석하며 통합하기 시작한다. 이러한 작업을 통해 경험과의 안전거리를 확보한 내담자는 이전보다 유능하게 감정을 조절하며 효과적으로 문제를 해결할 수 있다. 그 결과, 사회에서 자신이 맡은 역할을 효율적으로 수행하고, 대인관계에서 반복되던 악순환의 고리도 점차 약해진다. 성찰의 힘은 매우 막강해서 운명이라 여기던 고통의 대물림을 끊기도 한다.

심리검사와 상담을 통해 문제를 발견하면 속이 다 시원하지만 마음 한구석에서 새로운 종류의 막막함이 고개를 든다.

"선생님 이제 제 문제는 잘 알겠는데, 이게 나아질 수 있는 건가요? 저희 부모님도 계속 그렇게 살아왔는데 저라고 다를까요?"

특히 자녀의 문제로 상담에 왔다가 본인의 문제까지 발견하게 된 부모들은 거의 사색이 된다.

"다 제가 못나서 아이까지 고생시키는 것 같아요. 우리 아이한테 나쁜 걸 물려줬네요."

부모가 아이에게 물려주는 건 비단 생물학적인 특성만이 아니다. 중요한 대상과 정서적인 유대를 맺는 방식, 즉 애착 유형도 세대 간에 전이되는 경향이 있다고 밝혀져 왔다. 이 말은 부모의 애착 유형이 자녀에게도 그대로 세습된다는 뜻이다. 심지어 3대에 걸쳐서도 나타난다고 하니, 대물림의 고리가 무척 강하다고 볼 수 있다. 안정된 애착 유형을 가진 사람은 안심이 되겠지만 그렇지 않은 사람에게는 멘탈을 흔드는 소식이다.

그러나 인간은 정해진 궤도를 따라 피동적으로 움직이는 무력한 존재가 아니다. 스스로 운명을 개척하는 인간의 저력이 또 다른 연구에서 드러났다. 부모의 성찰 능력이 잘 발달한 경우, 부모 자신은 과거에 부정적인 애착 경험이 있더라도 자녀만큼은 안정된 애착 유형을 갖도록 양육하는 경향이 있었다. 자신의 마음을 살피며 더 나은 삶으로 나아가려는 노력 앞에서 좋지 못한 기억, 과거의 상처, 관계에서 반복되는 악순환은 힘을 잃는다.

만약 인생이 대물림의 원리만을 따라 펼쳐진다면 그 누구도 자신은 받아 본 적이 없는 사랑을 자녀에게 줄 수 없을 것이다. 어떤 이들은 황량한 들판에서도 녹음이 우거진 삶을 일구어 낸다. 이러한 원리는 부모 자녀 간의 애착을 넘어서 개인의 습관, 능력, 인격, 관계 등에도 두루 적용된다. 이제 당신에게는 두 가지 선택지가 있다. 쳇바퀴처럼 이미 정해진 운명을 향해 끌려가겠는가? 아니면 익숙하지만 해로운 길에서 벗어나 새로운 세계를 개척해 나가겠는가?

성찰이 지닌 위력은 세대를 넘어설 만큼 막강하지만 그렇다고 그 모든 위업을 단 하루 만에 이루어야 하는 것은 아니다. 스테디셀러 《나는 내가 좋은 엄마인 줄 알았습니다》의 작가 앤절린 밀러는 큰 변화를 결심한 이들에게 다음과 같은 격려를 보냈다.

"다행히도 우리는 온 인생을 단번에 살아야 하는 것이 아니다. 한 번에 하루를 살면 된다."

변화는 일생에 걸쳐서 조금씩 일어난다. 그러므로 지금 우리가 해야 할 일은 매일 하루의 분량을 소화하며 가랑비에 옷이 젖기를 기다리는 것이다. 일상에서 성찰을 실천하기 위해 다음의 세 가지를 기억하자. 읽기, 쓰기 그리고 느끼기.

단단한 멘탈을 만드는 도구, 성찰

성찰이라고 하면 일단 눈부터 감고 생각 속으로 잠겨야 할 것 같지만, 무턱대고 내면으로 침잠하는 건 그다지 좋은 방법이 아니다. 아무런 도구도 없이 자기 세계에 빠져들면 역기능적인 반추(rumination)로 이어질 수 있다. 반추는 소가 되새김질을 하듯이 생각을 곱씹는 행위인데, 이는 우울감을 심화시키는 요인 중 하나이다. 우울증이 없는 사람에게도 마찬가지이다. 공자는 "배우기만 하고 생각하지 않으면 얻는 게 없고, 생각만 하고 배우지 않으면 위태롭다"라고 말했다. 따라서 성찰이 백일몽으로 전락하지 않으려면 생각과 배움도 병행해야 한다. 가장 좋은 교재는 바로 책이다.

1. 읽기

마음의 양식이라는 명성답게 책은 스트레스를 줄이고 우울감을 낮추는 등 정신 건강에 도움이 된다. 기특하게도 책은 혈압을 낮추고 수면의 질을 향상시키며 몸의 양식으로서도 제법 역할을 한다고 알려져 있다. 특히 문학 작품을 읽을 때는 상상력을 발휘하여 등장인물들의 입장, 감정 등을 추론하고 느껴 볼 수 있는데, 이 과정에서 공감 능력을 비롯한 여러 사회적 기술이 향상된다고 한다. 이처럼 우리는 책을 통해 자신과 타인의 마음을 헤아리는 법을 배울 수 있다.

처음부터 너무 어려운 책을 욕심내지 말고 잘 읽히고 재미있는 책을 선택하면 된다. 글밥이 많은 책이 힘들다면 그림책으로 시작해도 좋다. 그림책을 어린이들의 전유물이라고만 생각하면 큰 오산이다. 그림책에는 여느 인문 서적 못지않은 풍부한 은유와 상징이 담겨 있다. 게다가 그림 그 자체가 쉼을 주기도 해서 성찰을 위한 교재로서 장점이 많다. 어떤 책이든 골랐다면 하루에 15분 정도라도 매일 조금씩 읽어 나가자. 너무 빨리, 너무 많이 읽을 필요는 없다. 마음을 울리는 구절은 소리 내어 읽어 보기도 하고 노트에 끄적여 보기도 하자. 책의 디자인, 종이 특유의 향, 책장을 넘길 때의 기분 좋은 서걱거림도 충분히 느껴 보자. 편안한 친구를 만난다는 생각으로 책과 사귀어 보자.

2. 쓰기

글쓰기는 보이지 않는 내면세계를 실물 세계로 꺼내는 일이다. 그 과정에서 자기 감정과 생각을 관찰하고 정리하고 표현하는 작업을 하게 된다. 글쓰기 역시 책 읽기와 마찬가지로 몸과 마음을 두루 건강하게 한다. 실제로 '표현적 글쓰기(Expressive Writing)'는 치료 목적으로 활용되고 있다. 일상에서는 글쓰기에 관심이 많거나 직업적, 학업적으로 꼭 필요한 경우가 아니고서는 자발적으로 뭔가를 쓰는 게 영 어색할 수도 있다. 그럴 땐 읽기 활동의 연장으로 글쓰기를 시작해 보자. 책을 읽으며 새롭게 깨달은 점, 감명 깊은 부분, 전체적인 소감, 궁금한 점 그리고 내 삶에 적용할 부분 등을 자유롭게 적어 보는 것이다. 책 귀퉁이나 포스트잇에 그때 그때 드는 생각과 감정을 메모해도 좋다. 처음부터 기승전결이 탄탄하고 문법적으로 오류가 없는 글을 창작하려고 애쓰진 말자. 내면에서 일어나는 일을 눈에 보이는 언어로 옮기는 정도면 충분하다.

반드시 책을 활용할 필요도 없다. 걱정거리로 머릿속이 복잡할 때, 정체 모를 갈등으로 마음이 불편할 때는 낙서장을 펼쳐서 아무렇게나 끄적여도 된다. 잡동사니처럼 한데 모인 생각과 감정은 시간이 지나면서 점차 제자리를 찾을 것이다. 그러다 글쓰기가 수월해지면 나에게 중요한 경험이나 상처에 대해서도 써 보자. 처음에는 파편처럼 여기저기 흩어져 있던 사건들이 글쓰기를 통해 점차 맥락과 두서를 갖추어 갈 것이다. 서사가 있는 한 편의 이야기가 탄생할 즈음 당신의 경험은 부랑자 생활을 마치고 마침내 인생의 일부로 안전히 통합될 것이다.

3. 느끼기

영국의 한 임상 심리학자에 따르면, "최고의 성찰적 기능은 느끼는 것을 생각하고, 생각한 것을 느끼는 것"이라고 한다. 사는 게 바빠서 감성이 다 메말라 버린 것 같다면 성찰의 세 번째 단계에 더욱 주목하길 바란다. 오랫동안 감정의 통로가 닫혀 있으면 나중엔 감정을 느낀다는 것 자체가 생소할 수 있다. 이럴 때 집중해야 할 대상은 당신의 몸이다. 여러 상황에서 감지되는 신체적인 변화를 관찰하자.

> 발표를 앞두고 손에 땀이 나며 배가 사르르 아파 오는 느낌
> 싸울 때 심장이 빨리 뛰고 열감이 오르는 느낌
> 샤워를 할 때 온몸에 힘이 풀리고 편안해지는 느낌

신체적 감각은 감정에 대한 단서를 제공한다. 요가처럼 감각에 집중하는 활동을 하는 것, 미술 작품을 감상하고 공연을 보는 것도 무감해진 느낌을 되살리는 데 도움이 된다. 그 무엇보다 더 중요한 건, 바로 마음의 문을 활짝 열고 경험

하는 것이다. 성찰은 안전한 상상 속에 자신을 가두는 일이 아니다. 손에 흙을 묻히고 현실을 살아가기 위한 일이다. 경험이 빠진 성찰은 앙꼬 빠진 찐빵이다. 우리는 마음을 살핌으로써 사람 사이의 갈등을 해결하고, 자녀에게 더 좋은 가르침을 주고, 일터에서 더 의미 있는 시간을 보낼 수 있다. 삶은 성찰을 하기 위한 재료이자 성찰을 통해 빚어지는 작품이다. 그러니 피하지 않고 느끼겠다는 용기로, 부단히 마음을 살피겠다는 의지로, 과감히 삶에 뛰어들자.

4장

내가 먼저 나의 편이 되어 주는
관계 연습

모두가 나를 공격하는 것 같은 날이 있다

1장에서 깨진 유리 눈을 이어 붙이던 강철 인간을 기억하는가? 유리 멘탈을 극복하기 위해 이 책을 펼쳐 든 강철 인간은 서서히 자신감이 붙기 시작했다. 며칠 사이 건강한 감정과 생각으로 단단히 무장하고 나니 이제 강철 멘탈로 거듭난 것만 같았다. 매주 그를 울적하게 만들던 월요병도, 숨막히던 지옥철도 거뜬히 이겨내고 회사에 출근했다. 하지만 출근한 지 반나절이 채 지나기도 전에 그의 멘탈에는 다시금이 가기 시작했다. 자기 일을 은근히 떠넘기는 동료, 제일 바쁜 시즌에 해외여행을 가겠다는 후배, 꼬치꼬치 개인사를 캐묻는 선배, 점심은 무조건 한 가지 메뉴로 통일하라는 상사…… 이불 속이 제일 안전하다는 사실을 증명이라도 하듯 모두 한뜻으로 자신을 공격하는 것 같았다.

'도대체 인간들은 왜 이 모양일까? 세상이 이런데 나 혼자 멘탈을 다잡는다고 뭐가 달라질까?'

사람은 사람들 틈에서 살아간다. 그 틈에서 애정, 배려, 도움, 우정, 협동과 같은 아름다운 것들이 피어나기도 하지만 무정, 무례, 이기심, 배신, 기만과 같은 구린내도 풍긴다. 사실 멘탈은 십중팔구 사람 때문에 부서진다. 무인도에서 살지 않는 이상, 사람들 틈에서 벌어지는 통제 불능의 사건을 수도 없이 겪어야 한다. 그렇다고 모두를 피해 방구석으로 들어간다면, 아마 그땐 당신이란 사람이 당신 자신을 괴롭힐 것이다. 이렇게 말 많고 탈 많은 인간 세계에서 유리 멘탈이 되지 않으려면 어떻게 해야 할까? 4장에서는 대인관계에서 멘탈이 무너질 수 있는 상황들과 그 안에서 마음을 지키기 위한 비법을 소개하려고 한다. 마음을 튼튼한 갑옷으로 무장하고 건강한 관계를 맺어 보자.

대인관계에서 상처받은 경험을 떠올려 보면, 상황은 가지각색이겠지만 대부분 '말'을 통해서였을 것이다. 비난하는 말, 모욕적인 말, 거르지 않은 욕설, 수치심을 주는 말, 간섭하는 말 기타 등등. 사람을 가장 사람답게 살게 하는 언어는, 사람을 가장 손쉽게 죽이는 도구이기도 하다. 그중에서도 자기의 생각과 감정을 아무런 여과 없이 모두 욕에 담아 내보낸 뒤 정작 본인은 뒤끝이 없다고 입을 싹 씻는 이들이 있다. 이들은 주변 사람의 멘탈을 파괴한다.

신입 사원 민준 씨는 멘탈 파괴자인 사수 탓에 하루도 귀가 성할 날이 없다. 민준 씨가 아직 일을 배우는 단계라 미숙한 건 사실이지만 아무리 그래도 사수의 말은 너무 아프다.

"민준 씨, 나는 가끔 민준 씨가 학력을 위조한 건 아닌지 의심스러워. 일 처리가 너무 엉망이니까. 하하, 농담이야! 농담."

목소리는 또 얼마나 큰지. 사수의 목소리가 사무실 가득히 쩌렁쩌렁 울릴 때마다 민준 씨는 얼굴이 달아오르다 못해 불타는 느낌이다. 게다가 사수의 기분은 수시로 바뀌기에 어느 장단에 맞춰야 할지도 모르겠다. 언젠가 수정하라는 대로 고친 자료를 보더니 '시키는 대로만 해서 발전이 없을 사람'이라기에, 다음에는 아이디어를 냈더니 '뭣도 모르는 주제에 건방지게 나댄다'라고 욕을 한다. 욕을 잔뜩 먹은 날엔 정신이 혼미해지고 심장이 쿵쾅거린다. 그래서 실수도 더 많이 하게 된다.

민준 씨는 잘 적응해 보려고 갖은 애를 썼다. 혼이 날 때마다 배우는 과정일 뿐이라며 자신을 다독였고, 최고의 복수는 성공이라 여기며 밤낮없이 일에 몰두했다. 하지만 욕받이로 살아온 지 반년이 지나자 이제 민준 씨의 마음은 너덜너덜한 누더기가 되었다. 요즘은 사수의 말처럼 자기가 '무능하고 쓸모없는 민폐 덩어리'라는 생각이 든다. 어렵게 입사한 회사를 관둘 수가 없어서 꾸역꾸역 나가고는 있지만 과연 언제까지 버틸 수 있을까?

살다 보면 욕을 먹을 때가 있다. 생판 모르는 사람이 하는 욕보다는 아는 사람이 하는 욕이, 그냥 아는 사람이 하는 말보다는 나와 친밀한 사람의 말이 더 아프다. 개중에 진심 어린 조언이나 충고의 메시지는 그나마 발전을 위한 원동력으로 삼을 수 있지만 감정 조절의 실패로 튀어나온 욕지거는 재활용도 못 한다. 우리의 귀에는 필터가 없다. 진짜 나를 위한 말만 쏙쏙 뽑아 들을 수 있다면 좋으련만 무한대의 언어 속에서 귀는 헐벗은 채 서 있을 뿐이다. 그러다 누군가가 던진 돌에 맞기라도 하면 속수무책으로 무너진다. 더 큰 짱돌을 찾아서 던지겠다는 호기로운 복수심을 잠시 품다가도 뒷수습까지 혼자 해야 하는 현실 앞에 굴복하고 만다. 반격에 쓸 돈도 시간도 체력도 깡도 없는 사람은 던지는 대로 욕을 먹는 수밖에 없다.

귀는 막지 못해도 마음은 지킬 수 있다

뒤끝 없음에는 두 가지 속성, 다 쏟아 버림과 망각이 있다. 남에게 욕을 하고 상처를 주는 사람은 보통 뒤끝이 없다. 전부 내뱉고 나면 속이 너무 후련해서 길게 끌어갈 감정이 남아 있지 않다. 그러다 보니 금방 깨끗하게 잊을 수 있다. 그들은 일이 종료되었다고 믿는다. 왜? 난 홀가분하니까. 욕 먹은 사람은 쓰나미가 휩쓸고 간 마음을 복구하느라 시간과 감정과 체력을 써야 하는데, 파괴자는 도울 생각이 없다. 왜? 다 잊었으니까. 눈에 보이는 상처라면 치료비라도 청구하지, 마음의 상처는 증명할 길도 보상받을 길도 없다.

뒤끝은 자신을 향한 일에나 없어야 한다. 성장을 위해 도전할 때, 실패하더라도 미련 없이 결과에 승복할 때나 뒤끝이 없어야 한다. 그게 아니라 타인을 향한 행위에 뒤끝이 없다는 건, 사실 비겁하고 무책임하다는 뜻이다. 혼자 방에서 베개에다 대고 악담을 퍼붓는 거야 무슨 문제가 있겠나? 하지만 이들은 보통 다른 인격체를 타깃으로 삼는다. 불쾌한 감정을 여과 없이 상대에게 쏟아 내는 건 자기 감정의 책임을 모두 타인에게로 떠넘기는 일이다. 못 쓰는 감정을 상대에게 가져다 버리고는 네가 알아서 처리하라고 하는 꼴이다.

특히 감정의 강도가 세고 전달 방식에 거리낌이 없을수록 욕의 파급력은 대단하다. 실제로 폭언은 물리적인 폭력 못지않게 피해자에게 심각한 정신적 외상을 남긴다. 그 상처가 눈에 보이지 않기에, 가해자와 피해자 모두 문제의 심각성을 인지하지 못하여 사태가 더욱 심각해질 우려도 있다. 우리는 악성 댓글로 인해 유명인들이 목숨을 끊는 사례를 종종 접해 왔다. 말의 무게를 모르는 사회는 잔인하다.

뒤끝 없는 욕으로부터 마음을 지키기 위해서는 어떻게 해야 할까? 그 전에, 이런 의문이 들 수도 있겠다.

"잘못은 저들이 했는데 왜 노력은 나더러 하래요?"

이 책에서 가해자에게 직접 당부하지 않는 이유가 있다. 효과적이지 않기 때문이다. 스스로 읽고 깨우치며 개선하는 종류의 일은, 기본적으로 내성 능력이 충분하거나 적어도 그 능력을 키워 나가겠다는 의지 정도는 있어야 가능하다. 다 저지르고 까먹는 사람에게는 다른 접근이 필요하다. 그래서 나는, 자신의 마음을 살피며 잘 살아 보려고 애쓰는 당신을 위해 이야기하기로 했다.

본론으로 돌아가서 우리의 멘탈을 보호하는 것에 집중해 보자. 눈으로 직접 확인하며 수정할 수 있는 글과 달리, 말은 입 밖으로 나오기 전까지 실체가 없다. 그래서 가공하기가 어렵고, 일단 시작한 뒤에는 시간을 거슬러서 주워 담을 수도 없다. 특히 화자가 강렬한 감정에 휩싸여 있을 땐 말을 거르고 고르는 인지적 작업이 생략된 채 날 것이 툭 튀어나온다. 다듬어지지 않은 말에는 오류가 많다. 예를 들어 맹비난이 목적일 땐 상대의 약점을 과장하고 강점은 축소한다.

"넌 대체 잘하는 게 있긴 하냐?", "넌 왜 늘 그 모양이냐?"라는 말을 들으면 듣는 사람은 자신이 언제나 모든 면에서 무능한 사람이라는 느낌을 받는다. 어쩌다 한 번이면 몰라도, 이런 말을 반복적으로 들으면 어느새 사실인 것처럼 여겨진다.

말은 글에 비해 완성도가 떨어진다. 그러니 모두 귀담아들을 필요는 없다. 잠잠하던 당신의 마음에 누군가 무례하게 욕을 던진다면, '네가 던진 욕을 나는 절대로 먹지 않겠다'라는 태도로 맞서야 한다. 귀는 못 막아도 마음은 지킬 수 있다. 아무 말이나 날아와서 당신의 마음을 난도질하게 두지 말자. 오류 범벅의 막말에서 사실과 거짓을 변별하며, 버릴 건 버리고 교훈만 건지겠다는 능동적인 자세를 취하자. 상대가 처참히 짓밟은 당신의 존엄을 기억해내야 한다.

막말은 듣는 사람이 아니라 하는 사람의 문제이다. 남에게 상처를 주고도 뒤끝이 없는 건 염치의 부족이다. 듣는 이가 마음을 지키기로 결심한다면, 욕은 그저 소음일 뿐 진정한 말로서의 힘은 잃는다. 그렇게 지켜 낸 마음을 소중한 당신의 인생을 위해서 사용하길 바란다.

은밀한 분노에 대처하는 법

대놓고 상처를 주는 멘탈 파괴자와는 달리, 은근과 끈기로 야금야금 타인의 멘탈을 갉아먹는 이들이 있다. 면전에서 욕을 하면 반격의 기회라도 있지, 비밀스러운 공격에는 '어?' 하는 순간 당하고 만다.

김 과장은 요즘 함께 프로젝트를 진행 중인 후배 이 대리 때문에 몸에서 사리가 나올 지경이다. 얼마 전 이 대리가 멋대로 내용 중 일부를 변경하고는 보고하지 않아서 회의 시간에 무척 난처한 일이 있었다.

"이 대리, 말도 없이 내용을 변경하면 어떡해요? 최종 검토한 내용과 다르잖아요. 진행 내용 공유는 기본이니 앞으로는 변경사항이 있을 때마다 보고해 주면 좋겠어요."

그리고 그날부터 이 대리는 김 과장의 분부를 받들어 자신의 일거수일투족을 메신저로 보내기 시작했다.

"과장님, 아까 1시경에 타 부서로부터 요청을 받아서 보고자료 13쪽에 나온 사업 성과 내용에 통계자료를 하나 추가했습니다. 그리고 글자 수가 늘어나서 글자 크기를 1포인트 줄였습니다. 변경사항 생기면 또 보고드리겠습니다."

그 후로도 메신저 폭탄이 하루에 십여 차례씩 김 과장에게 투하되었다. 복수인지 보고인지 모를 이 대리의 행동에 참다못한 김 과장이 다시 대화를 시도해 봤지만 돌아온 건 숨 막히는 침묵과 한숨 그리고 지적한 사람을 도리어 멋쩍게 만드는 석고대죄였다.

"제가 또 큰 잘못을 했군요. 시정하겠습니다."

우리는 모두 알고 있다. 이 대리가 단단히 화났다는 것을. 다만 이 대리의 화는 은밀하다. 콕 집어 말하기는 어렵지만 왠지 모르게 상대방을 골리는 느낌이다. 김 과장으로서는 그냥 넘기자니 부아가 치밀고, 대놓고 말하자니 치사스럽다. 여기서 한마디라도 더했다가는 오히려 후배 잡는 상사가 될 판이다. 그러고 보니 이 대리는 평소에도 아리송한 구석이 있었다. 착한 듯 착하지 않은, 순하다가도 가끔 골 때리는, 참으로 알다가도 모를 사람이었다.

'수동 공격적 행동(Passive-aggressive Behavior)'은 겉으로는 악의가 없어 보여도 무의식적으로는 공격성을 담고 있다. 다만 누가 봐도 뻔한 방식으로 포악함을 드러내지 않고 간접적으로 공격성을 표출한다. 수동 공격적 행동은 여러 모습으로 나타난다.

방을 치우라는 엄마의 잔소리에 알겠다고 대답해 놓고 마냥 늦장을 부리는 것부터 상사의 지시에 침묵으로 일관하다가 잠수를 타 버리는 것까지, 다양하다. 때로는 빈정거림으로 사람의 속을 뒤집어 놓기도 한다. 그렇게 행동하는 이유를 물으면 이리저리 핑계를 대며 둘러댈 뿐 절대 속내를 내비치지 않는다. 땅이 꺼질 듯한 한숨과 뿌루퉁한 표정으로 언짢은 기분을 내뿜으면서도 화가 났냐는 물음에는 "아니"라고 딱 잡아뗀다.

이들은 왜 자신의 분노, 반항심, 적대감 등을 은밀하게 표현할 수밖에 없었을까? 여러 이유가 있지만 솔직한 감정 표현과 자기주장을 허용하지 않는 환경에서 자랐을 가능성이 있다. 예컨대 부모님이 지나치게 무섭고 엄격한 가정에서는 자식이 반기를 들기 어렵다. 자식 입장에서는 순종 말고는 달리 방법이 없으니 겉으로는 고분고분하게 따르지만 마음 저변에서 반항심이 일어나는 건 어쩔 수 없다. 억눌린 반항심은 그대로 사라지는 게 아니라 간접적인 방식으로 표출된다.

또, 불쾌한 감정을 금기시하는 문화에서는 늘 웃는 것만이 미덕인 양 보이기도 한다. 이런 환경에서 자란 사람도 자신의 감정을 정확히 알아차리고 표현하는 데 서투를 수 있다. 감정 표현을 억압당하면 자신의 감정을 에둘러 내비칠 수밖에 없다. 안타깝게도 포장된 감정은 남이 볼 때 결코 자연스럽지 못한 데다가 당사자 자신도 혼란스럽게 만든다. 나도 내 마음을 모르니 왜 그러냐고 묻는다면 "글쎄요, 몰라요"라고 얼버무리기 십상이요, 주변에서도 도통 그 속을 알 길이 없다.

이런 수동 공격으로부터 당신의 마음을 지키려면 어떻게 해야 할까? 우선 말 너머에 있는 행동에 주목해야 한다. 변명과 부인으로 치장된 말보다는 명백하게 드러난 행동이 그들의 마음을 더 잘 대변한다. 그간의 행동들을 종합하면 상대의 진심이 무엇인지 추론할 수 있고, 훨씬 효과적으로 대응할 수 있다.

마음의 체력이 넘쳐나는 날에는 한번쯤 넉넉한 마음으로 상대의 이야기에 귀 기울여 보는 것도 좋다. 수동 공격자는 기본적으로 자기 속내를 잘 털어놓지 못한다. 물론 단 한 번의 경청이 사람의 성격을 완전히 바꿔놓진 않겠지만 자기 행동을 통찰할 좋은 기회가 되어 줄 수는 있다. 스스로 알아채지 못할 정도로 꼭꼭 감춰진 분노를 누군가 알아주면 분노는 힘을 잃는다. 그러면 굳이 꼬인 행동을 할 이유도 없어진다.

만약 당신이 수동 공격적인 행동을 하는 사람이라면 어떻게 해야 할까? 이제라도 자신의 감정을 정확히 인식하고 적절하게 표현하는 연습을 해야 한다. 가능하면 전문가가 함께 하는 환경에서 수동 공격적 행동의 원인을 찾고 감정 표현 훈련을 하는 것이 좋다. 감정이란 재채기와 같아서 숨겨도 숨길 수 없다. 어설프게 포장해 봤자 오해만 낳을 뿐이다. 나조차도 헷갈리는 포장지는 이만 걷어 내고 진심에 다가가자. 감정은 비밀이 아니므로.

무임승차자를 위해 일하지 않는다

이 글을 읽기 전에 먼저 당신의 심혈관 기능에 이상이 없는지 점검해 보길 바란다. 네 번째 멘탈 파괴자는 혈압을 상승시키는 분노 유발자로서도 악명이 높기 때문이다. 피해자들은 그를 이렇게 소개한다.

"고생은 제가 다 했는데 막판에 자기 이름을 끼워 넣더라고요. 결국 상사 이름으로 보고됐어요."

"동료가 일을 너무 못해요. 모두 그 친구를 피하니까 일이 다 저한테만 몰려요. 똑같은 월급 받는데 누구는 놀고 누구는 일하는 거죠."

"저 사람은 집에 와서 손 하나 까딱 안 해요. 맞벌이에 월급도 비슷하고 심지어 퇴근은 제가 더 늦게 하는데 왜 살림은 다 제 몫인지 모르겠어요."

사회는 커다란 바위를 함께 지고 가는 사람들의 모임이라 할 수 있다. 누군가 힘을 쓰지 않으면 다른 사람이 그 무게까지 대신 짊어져야 한다. 그런데 꼼수를 써 가며 교묘하게 책임의 망을 피해 가는 사람들이 있다. 남의 덕만 보고 살겠다는 심보, 차비를 내지 않고도 차는 타겠다는 심보를 가진 이들을 우리는 '무임승차자'라고 부른다.

심리학 용어 중에 '링겔만 효과(Ringelmann Effect)'라는 것이 있다. 줄다리기에 참여하는 인원수가 많아질수록 개인이 기여하는 힘의 크기는 감소한다는 연구에 따른 것으로, 이를 사회에 적용해 보면 집단의 규모가 커질수록 개인이 자기 역량을 힘껏 발휘하지 않고 묻어가려 하는 현상이 생긴다고 한다. 평소에 자기 몫을 하던 사람도 군중 속에 있으면 '나 하나쯤이야'라며 태만해지는 것이다. 그러나 집단의 크기만으로 도덕적 해이를 설명하기에는 살짝 부족한 감이 있다. 어딜 가나 열심히 하는 사람이 있는가 하면, 어딜 가나 농땡이를 치는 사람도 있기 때문이다.

무임승차자의 심리는 일찍이 3장에서도 등장했다. 자신의 감정, 욕구, 충동의 한계를 모르는 사람, 그래서 조절하지 않고 인내하지 못하는 사람, 그래서 책임지지 않고 협동하지 못하는 사람에 대해 이야기했다. 어떤 학자들은 이러한 심리적 특성을 나르시시즘(narcissism)으로 설명하기도 한다. 타인을 자신과 동등한 인격체로 대하기보다는 자기 이익을 위한 도구로만 여겨 착취하기 때문이다. 어떤 이론을 가져오더라도 무임승차자의 심리에는 하나의 공통점이 있다. 바로 의무는 다하지 않고 이익만 취한다는 점이다.

무임승차자의 태만은 다른 구성원의 부담과 분노를 늘리며 집단 전체의 수준을 하향 평준화시킨다. 동전을 넣으면 음료수가 나온다는 믿음이 없이는 아무도 자판기에 돈을 넣지 않는다. 자판기는 투입한 것에 따른 보상을 주어야 하고, 동시에 공짜로 음료수를 빼먹으려는 사람에게는 제재를 가해야 한다. 개개인의 기여도를 공정하게 평가할 수 있는 영리한 시스템과 그에 참여하겠다는 구성원들의 합의가 있을 때 무임승차자는 태만을 부릴 동기를 잃는다. 유명무실한 겉치장과 허례허식을 줄이는 것도 좋은 방법이다. 실질적인 노력 없이도 대단한 일을 하는 것처럼 눈속임하기 딱 좋기 때문이다.

그런데 친구나 가족 관계와 같은 사적인 영역에서는 제도를 통해 무임승차를 견제할 수 없다. 안 보고 살면 좋으련만 그들과의 인연은 어찌나 길고도 질긴지. 상황이 이렇다 보니 피해자는 반쯤 단념한 채 "그냥 내가 할게" 전략을 쓰는데, 그랬다간 평생 무수리가 되어 상대를 모시고 살아야 할지도 모른다.

유독 무임승차자에게 피해를 당하는 사람은 보통 과도하게 측은지심이 많거나 통제 욕구가 강한 편이다.

'어떻게 냉정하게 모른 척을 해. 정이 있지.'

'쟤한테 맡겼다간 엉망이 될걸? 고생스러워도 그냥 내가 하는 게 나아.'

이런 생각이 발동하면 무임승차자를 돕지 않고는 도저히 찜찜해서 못 배긴다. 무임승차자는 상대의 연민 속으로 숨기도 하고, 역할 박탈이라는 휴가를 얻어 내기도 한다. 책임을 대신 지는 것이 무임승차자를 위한 길이라고 착각하기 쉬운데, 미안하지만 그건 빨대를 꽂도록 등을 내주는 일에 불과하다. 자신에게는 자멸이요, 상대에게는 누울 자리에 다리를 뻗고 안주하게 만드는 마약이다.

그러니 모두를 위해 해야 할 일은 무임승차자 대신에 뭔가를 해 주지 않는 것이다. 불쌍함과 찜찜함을 견디지 못하고 무임승차를 허용하는 데에는 다른 이유가 있을 수 있다. 과도한 헌신을 통해서만 가치를 인정받았던 경험, 관계가 틀어지는 것에 대한 지나친 불안, 통제력을 상실하는 것에 대한 두려움 등이 관용과 책임감으로 포장된 건 아닐까? 호시

탐탐 누울 자리를 찾는 이에게 목덜미를 잡히지 않기란 매우 어렵지만, 반복적으로 그들의 먹이가 된다면 자신의 마음도 내밀하게 들여다볼 필요가 있다. 상대의 성격을 뜯어고칠 수 없다면 적어도 규칙은 알려 줘야 한다.

"규칙: 나에게 떠넘겨도 대신 처리해 주지 않는다."

한동안은 상대의 무능과 태만으로 인해 일이 산더미처럼 쌓이기도 하고, 상사에게 함께 깨지기도 하고, 같이 손해를 봐야 할 수도 있다. 달라진 점이 있다면 이전엔 당신 혼자만 괴로워했고, 지금은 상대도 함께 괴로워졌다는 사실이다. 어차피 견뎌야 할 불편이라면 무임승차자도 사이좋게 동참시키자. 불편은 변화를 도모하게 만들기 때문이다. 상대는 최소한 다리를 뻗을 다른 방법을 마련할 것이고, 그러다 기적적으로 악습을 끊을지도 모른다.

지나친 의존 관계가 홀로서기를 막는다

가족에게 무척 헌신적이던 여성이 있었다. 그녀는 우울
증이 심한 남편과 네 자녀를 뒷바라지하기 위해 온 인생을
바쳐 왔다. 그것이 가족을 위한 일이자 사랑이라 믿었다. 그
러나 아내의 헌신을 비웃기라도 하듯, 그녀의 남편은 조금이
라도 우울해질 기회가 생길 때마다 가장으로서의 모든 역할
을 등진 채 절망의 늪으로 들어가곤 했다. 엄마가 모든 일을
도맡아 왔었기에 자녀들 역시 스스로 뭔가를 해 볼 기회가
없었다. 그녀는 자신이 조장자(enabler), 즉 상대에게 과도한
도움을 줌으로써 의존하게 만드는 사람임을 깨닫는다.

앞서 잠시 소개한 책《나는 내가 좋은 엄마인 줄 알았습니다》의 저자 앤절린 밀러의 실제 경험담이다. 이 책에는 병리적인 조장과 의존 관계에 대한 통찰력 있는 고찰과 여기서 벗어나기 위한 저자의 용감한 분투가 담겨 있다.

개인은 의존을 통해 생존한다. 갓 태어난 아기는 양육자에게 절대적으로 의존함으로써 생명을 이어 나간다. 사회는 관계 위에 이루어진다. 제아무리 대인관계를 싫어하는 사람이라 하더라도 사회라는 촘촘한 관계망에서 완전히 벗어나 외따로 사는 이는 없다. 관계는 의존을 바탕으로 형성된다. 다른 사람과 관계를 맺는다는 것은 그가 나에게 기댈 수 있도록 곁을 내주고, 나도 그에게 기대겠다는 뜻이다. 이처럼 의존은 사람과 사람 사이를 잇는 가교 역할을 하지만 과유불급(過猶不及)이라고 지나치면 부족한 것만 못하다. 특히 의존이 '도움'이라는 탈을 쓰면 인심 좋은 모습에 홀려서 분별력을 발휘하기가 어려워진다. 우리에게 도움만 줄 것 같은 도움을 경계해야 하는 이유가 여기에 있다.

주는 사람도 받는 사람도 모두 이롭게 하는 건강한 의존과 달리 병리적인 의존은 모두에게 해롭다. 병리적인 의존을 조장하는 사람은 상대에게 과도하게 도움을 제공함으로써 자신의 존재를 입증하려 한다. 누군가 자신에게 의지할 때만 스스로 가치 있다는 느낌을 받는 것이다. 이들은 몸을 혹사하거나 자원을 고갈하는 것도 불사하고 무모하게 타인을 도우려 한다. 도움을 끊으면 자존감의 원천도 메마르기 때문이다. 이들의 희생과 헌신은 서서히 퍼지는 독과 같다. 당장은 도움이 되는 것 같지만 시간이 지날수록 상대를 무력화한다.

도움을 받는 사람은 자기가 해야 할 일을 조장자가 가로채 갔기에 실제 연습을 통해 실력을 키울 기회를 점점 잃게 되고, 그러다 정말로 도움을 받아야만 할 만큼 무능해지기도 한다. 그제야 뭔가 잘못되었다는 사실을 어렴풋이 알아채지만 이미 태양처럼 절대적인 존재가 되어 버린 조장자의 곁을 떠날 수가 없다. 볕이 내리쬐는 동안에도 의존자는 마음 편히 그 온기를 누릴 수 없었을 것이다. 도움이 참견으로 변질

될 때의 불쾌함, 주도권을 빼앗긴 것에 대한 무기력함, 자기 능력에 대한 불신, 안주하는 자신에 대한 좌절과 혐오 그리고 절대자를 잃을 수도 있다는 불안감에 끊임없이 시달려 왔을 테니까.

조장자에 대한 마음은 혼란스러운 양가감정으로 얼룩져 있다. 보답할 길이 없는 은덕은 빚더미처럼 마음을 짓누르고, 감사만 해도 부족할 상대에게 작은 원망이라도 깃드는 순간엔 죄책감에 시달려야 한다. 스스로 일구는 즐거움이 없다 보니 인생도 딱히 재미가 없다. 온통 조장자의 취향으로 가꾸어진 인생에서 나만의 색, 나만의 것, 나만의 삶을 지켜 내기란 거의 불가능하다. 허물어진 경계 안에서 의존자가 할 수 있는 일이라곤 주는 대로 도움을 받는 것뿐이다.

이러한 관계에서 마음을 보호하려면 내가 할 수 있는 일과 내가 해야 할 일을 분명히 알고 지켜 내야 한다. 아무리 달콤한 속삭임이 있어도 웬만해서는 주도권을 내주지 않겠다고 결심해야 한다. 백번 다짐해도 살다 보면 반드시 도움을 받아야 하는 일이 수도 없이 생긴다. 굳은 결의마저 없으면 결국 지나친 의존이 무임승차의 문제로도 이어질 수 있다.

오랫동안 관계가 지속되어 온 경우에는 어디서부터 일이 잘못된 건지 파악하기 어렵다. 이럴 때는 건강한 비교의 시선으로 주변을 둘러보자. 당신과 비슷한 나이대, 비슷한 처지의 다른 사람은 어느 정도로 도움을 받으며 살고 있는가? 그다음으로는 도움의 지속성을 점검해 보자. 회복 불가한 영구적 손상이 있거나 당장에 재기할 수 없을 만한 중대한 사유가 있지 않는 이상, 다 큰 어른에게 지속적인 도움이 필요한 경우는 거의 없다.

도움에 독이 들지 않도록 안전장치를 해 두는 것도 좋다. 상대가 베푸는 도움이 공짜가 아님을 당사자 모두 알 수 있게 하는 것이다. 도움에 따른 적절한 대가를 지불하면 한쪽이 무모한 희생을 치르거나 다른 쪽이 무책임한 파렴치한이 되는 일을 방지할 수 있다. 사람 사이에 오가는 일을 모두 값으로 환산하는 건 비현실적이고도 불필요하지만 적어도 도움을 공짜로 여기지 않으려는 심리와 어느 정도의 실천이 있어야 안전하다. 그렇지 않으면 보이지 않는 심리적 대가를 더 크게 치르게 된다.

결국 병리적인 의존 관계에서 벗어나기 위해 우리가 해야 할 일은 독립이다. 도움을 주는 대신 자존감을 얻는 관계, 주체성을 팔아 도움을 사는 관계를 청산하고 독립적인 개체로서 건강한 관계를 맺길 바란다.

상실이라는 마음의 빈자리를
잘 받아들이는 것

"우리 사이에 그 어떤 힘든 일도 이별보단 버틸 수 있는 것들이었죠. 어떻게 이별까지 사랑하겠어. 널 사랑하는 거지."

악동뮤지션의 노래 가사처럼 대인관계에서 겪을 수 있는 일들 중 가장 쓰라린 건 아마도 이별일 것이다. 사랑하는 사람과의 헤어짐이 아픈 이유는 상실 때문이다. 그의 웃는 얼굴, 목소리, 온기, 향기를 이제는 느낄 수 없기 때문이다. 그와 함께 걸어온 과거뿐 아니라 함께 가고자 했던 미래까지도 잃었기 때문이다. 그와 연결되는 동안 품었던 열정, 설렘, 믿음, 기대와 같은 것들이 몽땅 사라졌기 때문이다. 가공할 고통의 크기를 보면 왠지 상실이란 인생에서 몇 번 없을 드문 일일 것 같다. 아니, 부디 그러길 바란다. 그러나 상실은 흔하다. 관계가 있는 곳이라면 어디든 존재한다.

우리는 수많은 것들과 관계를 맺으며 살아간다. 애지중지 기르는 식물과 애완동물, 나만의 취향으로 가꾼 공간, 추억이 깃든 소품과 같이 소중히 아끼는 것들은 전부 나와 관계하는 것이다. 애착이 클수록 대상이 사라졌을 때의 허전함도 크다. 관계는 자신에 대해서도 형성된다. 직업, 취미, 재산, 명성, 몸을 비롯해 '나'라는 존재로 살아가며 소유하고 경험하는 모든 것들은 자기와 특별한 관계이다. 그래서 우리는 직장을 잃었을 때, 사고나 노화로 인해 신체가 손상되었을 때, 추구하던 이상으로부터 멀어졌을 때도 상실감을 느낀다. 세상에 영구한 것이 없듯 관계에도 기한이 있다. 물건은 닳고 공간은 낡으며 꽃은 시든다. 제아무리 좋은 추억도 이미 사라져 버린 순간일 뿐이며, 거세게 타오르던 생명의 불도 죽음 앞에서는 소멸할 뿐이다.

예견된 상실도 아프기는 매한가지이다. 끈끈하게 붙어 있는 것들을 떼어 내는 고통은 온몸으로 선명하게 전달된다. 상실의 충격은 교감신경계를 교란하고 면역력을 떨어뜨리며 수면 장애를 가져온다. 데이비드 케슬러의 책 《의미 수업》을 보면, 극한의 정서적 고통을 겪는 이들 중 일부는 심장 근육이 부풀어 오르는 '상심 증후군'을 겪는다고 한다.

실제로 사별 후 몇 개월 사이에 신체적 질병에 취약해지는 현상은 우연이 아니다. 몸에서 가장 큰 변화를 맞닥뜨리는 부위는 뇌일 것이다. 얼마 전까지만 해도 대상의 모양, 소리, 냄새, 맛, 질감에 대한 정보를 처리하던 뇌 속의 신경세포들은 상실로 인해 급작스럽게 할 일을 잃는다. 더 이상 감각할 수 없는 어머니의 된장찌개, 연인의 따듯한 체온, 달려와 안기던 아이의 보드라운 감촉이 사무치도록 그리울 것이다. 시간이 지나면서 신경세포들은 새로운 자극을 보고, 듣고, 느끼며 다시금 바빠지겠지만 한때 깊이 새겼던 그 대상을 완전히 잊는 건 아니다. 그래서 기념일이 되거나 사진을 볼 때면 마치 잊은 적이 없는 것처럼 생생하게 상실을 느끼기도 한다. 아무래도 상실까지 사랑할 수는 없을 것 같다. 그러나 달갑지 않아도 일어나고야 말 일로 인해 우리의 삶이 영원히 멈춰서는 안 된다. 상실이 닥쳤을 때 우리는 어떻게 해야 할까? 회복으로 가는 길은 무엇일까?

가장 먼저 해야 할 일은 충분히 울며 슬퍼하는 것이다. 슬픔이란 감정은 슬퍼해야만 흘러간다. 억지로 참거나 막으면 흐르지 못하고 고여서 심각한 염증이 된다. 슬픔은 온몸의 근육을 아래로 축축 처지게 만들고 기력을 앗아가서 사람을 나약하게 만드는 것처럼 보이지만 사실 그 속엔 회복의 기능이 있다. 몸살이 나면 하던 일을 멈추고 쉬듯 슬픔은 삶으로부터 한발 물러나 마음의 상처를 보듬게 하고, 주변으로부터 도움과 위로를 구함으로써 회복을 촉진한다. 책《슬픔의 해부학》의 저자 도로시 P. 홀링거에 따르면, 슬플 때 흘리는 눈물에는 류신 엔케팔린(Leucine Enkephalin)이라는 통증 완화 물질이 담겨 있다고 한다. 그러니 울고 싶을 땐 실컷

울자. 그래야 아픔이 치유된다.

다음으로 몸을 보살펴야 한다. 상실은 마음만의 일이 아니다. 몸을 추슬러야 육체에 깃든 정신도 건강해진다. 상실 직후에 몸이 약해질 수 있다는 사실을 자각하고, 그 어느 때보다 더 건강 관리에 힘써야 한다. 적절한 휴식과 양질의 음식으로 기운을 차리자. 아직 운동까지 할 정신은 없겠지만 되도록 해가 쨍한 낮에는 잠시라도 볕을 쬐기를 바란다. 그리고 가볍게 몸을 움직여 보자. 적정량의 세로토닌이 마음을 한결 상쾌하게 만들 것이다.

회복의 마지막 단계는 빈자리와 함께 살아가는 것이다. 상실이 남긴 숙제는 삶이다. 그와 함께하던 나, 그 일을 하던 나, 그곳에 살던 나, 그러한 모습의 나는 이제 없다. 하지만 나는 여전히 여기에 있다. 마음 한구석이 뻥 뚫린 것처럼 허전하고 때로는 그 속이 고통으로 가득 차기도 하겠지만 그럼에도 불구하고 나는 여전히 있다.

상실은 그 자체로 큰 변화이다. 처음에는 낯선 환경과 새로운 자신이 영 어색할 것이다. 무리하지 말고 회복의 속도에 맞춰서 천천히 변화에 적응해 보자. 잃고 난 후에야 깨닫는 것들이 있다. 상실을 통해 나에게 소중하고 가치 있는 것이 무엇인지, 반대로 중요하다고 믿었지만 알고 보니 무용한 것들은 무엇인지 발견할 수 있다. 새로이 마련된 인생의 우선순위를 바탕으로 앞으로 어떻게 살아갈지 선택하자. 그리고 삶의 현장으로 들어가자. 억지로 빈자리를 메우려 애쓰지도 말고, 그렇다고 그 자리를 영원히 비워 두려 애쓰지도 말자. 그저 삶을 막지 않겠다는 용기면 충분하다.

아주 오랜 시간이 흘러도 상실이 아예 없던 일처럼 완전히 잊히지는 않을 것이다. 그러나 덤덤히 오늘 하루를 살아가다 보면 빈자리 곁으로 새로운 기회와 경험과 인연과 희망이 서서히 싹틀 것이다. 빈자리와 더불어 멋진 풍경을 만들어 가도록 삶을 허락하자.

나를 이해해야 타인을 이해할 수 있다

우리는 대인관계에서 일어날 수 있는 위기들로부터 마음을 지키는 법에 대해 알아보았다. 이제는 자기 보호라는 수동적인 역할에서 벗어나서 한 발짝 더 나아가 보자. 주도권을 가지고 나의 멘탈을 위한 무기를 갖추면 언제 어디서나 능동적으로 건강한 관계를 만들어 갈 수 있다. 지금부터 그 첫 번째 무기, 지식을 소개한다.

모든 관계는 앎에서 시작된다. 우리는 첫 만남에서 통성 명함으로써 미지의 영역에 있던 상대방을 앎의 영역으로 들여놓는다. 그 후로 몇 번의 대화를 통해 그의 관심사가 무엇인지 알아내고, 그것이 자신의 관심사와 얼마나 겹치는지 파악하면서 공통 영역을 찾아간다. 둘은 공통의 관심사 위에서 서로의 생각, 감정, 정보 등을 교류하며 유대를 형성한다.

상호작용이 긍정적인 방향으로 흘러가려면 상대가 어떤 처지에 있는지, 무슨 생각을 하는지, 어떤 기분을 느끼는지 등을 정확히 알아야 한다. 이때 필요한 것이 바로 공감 능력이다. 공감이라고 하면 시도 때도 없이 눈물을 흘리거나 아무 말에나 수긍하는 줏대 없는 모습을 떠올릴 수 있는데, 단순한 감정이입이나 무분별한 허용만으로는 공감을 설명할 수 없다. 진정한 공감은 타인의 입장, 생각, 기분 등에 대한 지식을 전제로 한다. 그래서 공감에 있어서 핵심은 뜨거운 가슴이 아니라 추론 능력이다. 타인의 표정, 어조, 말의 내용, 행동, 상황 등에서 포착한 단서를 바탕으로 눈에 보이지 않는 마음을 유추해야 하기 때문이다.

지식이 없는 공감은 성립할 수 없다. 타인을 향한 열정이 아무리 넘쳐도 정확한 지식이 없으면 감정은 엉뚱한 방향으로 흘러간다. 그건 공감이라기보다는 흥분에 가깝다. 상대에 대해 정확히 알기 위해서는 먼저 그 사람에게 관심을 기울여야 한다. 그런데 머릿속이 온통 '나'로 가득 차 있으면 관심이 외부로 뻗어 나가지 못한다.

유아기에는 자기중심성이 높다. 이기적인 게 아니라 타인의 관점을 취하거나 외부 세계와 내면세계를 구별하는 능력이 충분히 발달하지 않았기 때문이다. 그래서 자기가 무언가를 느끼면, 상대도 똑같이 느낀다고 믿는다. 다섯 살이 채 안 된 우리 딸은 본인이 아끼는 것을 사랑해 마지않는 사람에게도 주고 싶어 한다. 그래서 종종 아빠에게 엘사 가방이나 공주님 드레스를 사 주겠다고 말한다. 지켜보던 나는 웃으며 한마디 던진다.

"가방 선물 받은 사람은 무조건 회사에 들고 가기."

유아의 공감 능력은 웃음 짓게는 만들어도 필요를 채워 주진 못한다. 유아는 인지 기능과 정서적 능력이 발달함에 따라 점점 자기중심성에서 벗어나 타인에게 관심을 두는 법을 배운다. 불혹의 남성에게 엘사 가방은 선물이 아니라 벌칙이란 사실을 깨달을 즈음엔, 우리 딸도 공감 능력을 발휘하여 아빠에게 필요한 진짜 선물을 준비할 수 있을 것이다.

나이가 들어서도 자기중심성이 너무 강하면 제대로 된 공감 능력을 발휘할 수 없다. 자기만의 세계에 갇혀 있는 사람의 마음에는 타인이 들어설 자리가 없다. 타인에게 관심을 갖고, 그의 입장과 필요를 가늠하며, 그 지식을 기반으로 적절한 행동을 취할 수가 없다. 성인이 되어서도 자기중심성이 두드러지는 사람은 영유아기에 양육자로부터 받아야 했을 관심이 극도로 부족했거나 아니면 주변에서 너무 맞춰주기만 해서 타인을 헤아릴 필요가 없었을 가능성이 있다. 또 고민, 심리적 갈등, 정서적 고통 등으로 내면이 꽉 찼을 때도 공감 능력이 제한된다.

그렇다면 타인의 마음을 헤아리는 능력은 어디에서 올까? 이에 대해 연구하던 심리학자들은 자신을 이해하는 데에 필요한 기술과 생리적 기전이 타인을 이해하는 데에도 똑같이 쓰인다는 점을 발견했다. 다시 말해 자신의 마음을 잘 파악하지 못하는 사람은 타인의 마음 상태를 알아차리는 일도 서투르다. 예수님은 "네 이웃을 네 몸과 같이 사랑하라"고 하셨다. 자기를 사랑하지 않는 사람은 남을 사랑할 수 없다. 그리고 대상에 대한 지식도 없이 사랑하겠다는 건 어불성설이다.

지식 없이는 자존감도 성립할 수 없다. 공감이 대인관계 능력과 관련이 있다면, 자존감은 자신과의 관계를 보여주는 지표이다. 흔히들 자존감이 높은 사람은 자기애가 넘쳐날 거로 생각한다. 하지만 어떤 상황에도 굽히지 않고 자존심을 뻣뻣하게 세우거나 기고만장한 모습을 자기에 대한 사랑으로 착각해서는 안 된다. 자존감이란 '스스로 품위를 지키며 자기를 존중하는 마음'이지, "누가 뭐래도 난 잘났어"라는 식의 오만방자한 마음이 아니다. 객관적인 평가와 피드백을 통해 자기에 대한 정보를 축적할 때 자존감은 안정적으로 유지된다.

자기에 대한 지식은 현실이라는 맥락 위에 쌓아 올려야 비로소 정확해진다. 보편적인 규칙, 합의된 질서, 두루 통하는 상식은 현실이 무엇인지 가늠하게 해 주는 초석이다. 흠이 좀 있다고, 또는 자기 마음에 안 든다고 초석부터 깡그리 깨부수다간 타인과의 관계를 쌓아 올릴 근간 자체를 잃을 수도 있다. 세상에 완벽한 건 없으니 적절히 수용하며 고쳐 나가는 편이 안전하고 효율적이다. 무지 위에 쌓아 올린 관계는 모래성과 같다. 시늉만 할 뿐 머지않아 스러진다. 견고한 관계는 나와 남에 대한 바른 지식 위에서 세울 수 있다.

제대로 사과하는 것이 성숙한 태도다

　유리 멘탈에게 어려운 또 하나의 상황은 사과를 해야 하는 상황이다. 돌이킬 수 없는 심각한 잘못을 한 것 같아 어쩔 줄을 모르겠거나, 그러한 상황에 처한 것만으로도 멘탈이 무너져서 회피하고 싶거나, 잘못을 인정하면 실패자가 되는 것 같아서 마음이 상당히 복잡해지는 상황이다. 하지만 상황을 마주하고 사과해야 할 부분은 사과해야 성숙한 태도다. 결국 회피를 택하거나 오히려 화를 내서 관계가 끝나 버린다면 멘탈은 더더욱 무너진다. 제대로 사과하고 관계를 회복했을 때 이런 일을 대하는 나의 멘탈도 한층 단단해진다는 것을 기억하자.

완전한 사람이 없듯이 완전한 관계도 없다. 사람과 사람 사이에는 수많은 갈등, 대립, 충돌이 일어난다. 관계가 있는 한 균열도 있다. 그러니 어떤 틈도 만들지 않으려 몸부림을 치기보다 틈이 생길 때마다 잘 메우려는 태도가 필요하다. 비 온 뒤에 땅이 굳는다고, 단단히 메워진 균열은 사람 사이를 더 돈독하게 만들기도 한다. 깨진 관계를 붙이는 아교는 바로 사과이다. 세상에 당연한 것들이 으레 그러하듯 사과 역시 그 중요성과 난이도가 과소평가 되곤 한다. 사과는 의도적으로 배우고 연습해야 하는 기술이다.

사과는 대인관계라는 맥락에서 일어난다. 직접적이든 간접적이든 간에 나의 잘못으로 상대가 부정적인 영향을 받으면 요건이 성립한다. 사과의 외적인 기능은 상대방의 기분을 풀어주고 관계를 회복하는 것이다. 과거의 잘못에 대한 작업이지만 방향은 미래를 향한다. 과거의 잔해를 치우고 복구해야 그 위에 탄탄한 관계를 다시 세울 수 있기 때문이다. 사과가 지닌 관용은 여기서 끝이 아니다. 잘못한 사람에게도 선물 같은 기회다. 잘못을 반성하는 과정에서 자기 생각과 감정을 면밀히 들여다보고 상처받은 상대의 정서적 고통에 동참하게 된다. 이때 느끼는 죄책감, 수치심, 후회 등의 감정은 자기 행동을 교정하고 상대에게 용서를 구하게 만드는 원동력이다.

실제로 입 밖으로 미안하다는 말을 꺼내기까지 몇 가지 장벽을 넘어야 한다. 가장 먼저 부딪히는 장벽은 자존심이다. '쟤도 잘못했는데 왜 나만 사과하나?'라는 생각에 억울해서, 더럽고 치사해서, 지지 않으려고 우리는 자존심을 꼿꼿이 세운다. 상대가 먼저 굽히기 전까진 절대 양보하지 않으리라 다짐하며 귀한 시간을 허비한다. 하지만 역설적으로 이것만큼 패배적인 일도 없다. 도대체 무슨 대단한 부귀영화를 누리겠다고 그 사람 하나 이겨 먹는 데 사력을 다하는가? 알량한 자존심이나 겨우 건지자고 관계도 잃고, 성격도 버리고, 세월에도 패배할 텐가?

한편 자존심이 아니라 실패나 거절에 대한 두려움 때문에 선뜻 사과하지 못하고 머뭇거리기도 한다. 잘못을 인정하거나 치부를 드러내면 낙오자로 찍히는 가정 문화에서 자란 경우에 이런 두려움을 갖기 쉽다. 더군다나 사과에 대한 그릇된 인식을 지닌 부모는 자녀에게 사과하는 방법을 가르치지도, 몸소 실천해 보이지도 않는다. 그렇게 사과가 뭔지도 모르고 자란 아이는 사과할 줄 모르는 어른이 된다.

마지막으로 사과를 가로막는 매우 강력한 장벽은 책임감과 내성 능력의 결여이다. 내성 능력이 부족하면 자기 언행 심사를 스스로 검토하고 바로잡는 작업을 잘할 수가 없다. 이런 사람은 타인의 마음 상태를 추측하는 일에도 상당히 서투르다. 그래서 애초에 사과해야 할 상황 자체를 알아채지 못하거나, 시도하더라도 시늉만 하고 만다. 책임감이 없는 경우는 더욱 심각하다. 잘못하고도 사과하지 않겠다는 건 관계의 미래를 기대하지 않겠다는 뜻이자 자기 행동의 결과를 책임지지 않겠다는 선언이다. 상처받은 상대를 보면서도 어물쩍 넘어가는 건 다른 사람의 마음이야 어떻게 되든

말든 상관하지 않겠다는 태도이다. 그러면서 관계가 좋게 흘러가기를 바라는 건 망상이다. 책임감이 없는 사람은 뻔뻔하게도 그런 망상에 빠져 산다.

어떤 이유에서든 간에 잘못하고도 미안하다 말하지 않았다면 상대에게 빚을 지는 셈이다. 책임을 다하지 않은 만큼 상대는 관계를 유지하기 위해 더 참고 더 아파해야 한다. 그러니 내 멘탈을 우선할 일이 아니다. 마주하는 것이 힘들더라도 자신의 잘못을 인정하고 회피하지 않고 사과하는 방법을 배우고 연습해야 한다. 사과의 세 가지 요소를 기억하자.

사과의 첫 번째 요소는 잘못에 대한 인정이다. 잘못에 대한 책임을 통감함을 상대에게 알려야 한다.

"내가 그렇게 말한 건 정말 잘못했어, 나의 행동은 큰 실수였어, 내가 당신에게 상처를 줬어, 내가 당신을 실망하게 했어."

이때 주어는 반드시 '나'여야 한다. 이인칭 주어를 사용하면 비난으로 변질된다. 주어의 사용은 비단 표현만의 문제가 아니라 사과하는 사람의 심리를 담고 있다. "당신이 내 말에 발끈하더라"처럼 상대를 사과의 주인공으로 만들면서 교묘하게 발을 빼려는 시도를 차단해야 한다. 제대로 성찰했다면 잘못에 대한 인정은 간단명료한 한 두 문장으로 요약될 것이다. 여기에 괜히 사족이나 핑계를 달아 주저리주저리 말하지 않게 조심해야 한다.

"말을 못되게 한 건 내 잘못이지만 당신이 먼저 투덜댔잖아."

이런 말은 사과의 탈을 쓴 비난으로 외려 갈등을 악화시킨다. 사과는 사과로만 끝나야 한다.

다음은 상대가 겪었을 불편, 상처, 고통, 마음에 대해 당신이 깊이 이해하고 동감하고 있음을 전해야 한다.

"내 말로 인해 네가 상처받았을 거라 생각하니 너무 마음이 아파. 진심으로 미안해."

사무치는 후회를 전하되, 당신의 정서적 고통이 피해자의 고통보다 앞서지 않도록 조심해야 한다. 상대가 괜찮다고 말해 주기를 기대하지는 말자. 용서는 상대의 고유한 권한이다. 사과가 받아들여지지 않아서 머쓱한가? 그 무안함과 서운함까지가 당신이 감당해야 할 감정이다.

사과는 보상으로 완성된다. 미안한 마음을 전하는 선물, 손해를 갚기 위한 노동이나 비용 등이 여기에 해당한다. 무엇보다 가장 중요한 보상은 실제로 개선하는 모습이다. 보상은 두 가지 기능을 한다. 하나는 반성하는 마음과 개선에 대한 의지를 증명하는 기능이고, 다른 하나는 잘못한 사람이 사과를 남용하지 못하도록 막는 기능이다.

개선 없이 말뿐인 사과는 잘못에 대한 무료 입장권과 다름없다. 똑같은 잘못을 하고 또 미안하다고 말하면 되니까 얼마나 편리한가? 세 치 혀로 죗값을 치르는 게 가능하다면 법정에서 유무죄를 따질 필요도 없다. 미안하다고 또 사과하면 그만이니까. 이런 일이 사적인 관계에서도 얼마든지 일어날 수 있다. 그래서 사과에는 책임만큼의 무게가 있어야 한다. 그 무게를 더하는 것이 보상, 그중에서도 실질적인 행동 교정이다. 지키지 못할까 봐 말을 아낀다고? 그럴듯해 보이지만 사과하는 처지에서 할 말은 아니다. 은근슬쩍 피할 생각 말고 당신의 결심이 공중분해 되지 않게끔 공표하자. 그래야 생각뿐이었던 결심이 실제 행동으로 바뀌고, 무너진 신뢰도 서서히 복구할 수 있다. 죗값은 비싸다. 아무렇게나 대충 미안해하지 말자.

원망과 상처에 점거당한 마음의 소유권

영숙 씨네 집은 바람 잘 날이 없다. 관심사가 비슷하고 승부욕도 강한 두 살 터울의 딸들이 하루가 멀다고 다투는 데다가, 애들 싸움이 부부 싸움으로도 곧잘 번졌기 때문이다. 영숙 씨가 보기에는 큰딸이 이기적이라서 동생에게 못되게 구는 것 같은데, 남편은 영숙 씨가 둘째만 끼고도는 거란다.

사실 영숙 씨는 이런 그림이 영 낯설지 않다. 딸부잣집의 둘째로 태어나서 온갖 설움을 당해 온 산증인이기에 작은 딸에게 백번 천번 공감할 수 있었다. 영숙 씨의 언니는 장녀랍시고 모든 혜택을 받고 자랐다. 없는 살림에 부모님이 언니에게는 아낌없는 지원을 해 주셨다. 옷도 맨날 새 걸로 사 주셨는데, 영숙 씨는 죄다 언니가 쓰던 것들만 물려받았다. 더군다나 아버지는 첫정인 언니를 끔찍하게 싸고도셨다. 자매가 다툴 때면 "감히 동생이 대드냐?"라며 언니 편만 드셨으니까.

어머니도 아버지의 호통 앞에선 꼼짝 못 했기 때문에 어린 영숙 씨는 온갖 설움을 혼자서 삼켜야 했다. 더 기가 막힌 건 늦둥이 동생들이 태어났을 때다. 이제야 언니 노릇 좀 해 보나 싶었는데 어느새 반백이 넘으신 아버지께서 동생들에게는 한없이 인자해지신 게 아닌가?

영숙 씨는 중년이 되도록 어린 시절만 생각하면 치가 떨린다. 성인이 되어서 부모님께 속내를 토로한 적이 있었지만 사과는커녕 돌아온 건 이 말뿐이었다.

"그때는 다 그러고 살았다. 오래전 일이니 네가 이해해라."

상처가 남아서인지 영숙 씨는 딸들이 다투는 모습을 볼 때면 노여움이 치민다. 그 옛날 설움을 삼켜야 했던 자신을 보는 듯 대리 상처를 받고 유리 멘탈이 되어 버리는 것이다. 어느새 둘째의 입장에서 맏이에게 화를 퍼붓고 있는 자신 때문에 영숙 씨는 혼란스럽다. 내가 지금 큰 딸에게 화가 난 건지, 아니면 얄밉기 그지없던 언니와 야속한 부모님에게 화가 난 건지. 돌아서면 죄책감에 시달리면서도 희한하게 그 순간에는 감정 조절이 안 된다. 내 마음이 내 것이 아닌 것 같다.

어찌 보면 이건 소유권에 관한 이야기이다. 영숙 씨의 마음은 불청객들에게 점거당했다. 초대한 적 없는 이들이 제멋대로 마음에 쳐들어와서 원한과 앙심으로 말뚝 박더니, 주인이라도 된 것인 양 이래라저래라하는 것이다. 위세에 눌린 영숙 씨는 불청객들이 시키는 대로 생각하고, 느끼고, 행동하게 되면서 자신의 인생과 가정을 소중히 가꾸지 못하고 방치하고 있었다.

알고 보면 이건 용서에 관한 이야기이다. 용서학의 최고 권위자인 프레드 러스킨 교수는 마음속에 울화가 가득 찬 사람들을 대상으로 용서 프로젝트를 진행해 왔다. 그는 가해자의 정당성을 옹호하거나 피해자에게 분노를 삭제하라고 강요하지 않는다. 그보다는 원망과 상처에게 점거당한 마음의 소유권을 되찾도록 돕는다. 용서라는 열쇠를 쥔 피해자는 스스로 응어리의 감옥 문을 연다. 그는 더 이상 상처를 '입고' 피해를 '당한' 수동적이고 무기력한 존재가 아니다. 도리어 역경을 딛고 일어나 자기만의 새로운 이야기를 써 나갈 수 있다.

윤리적, 종교적인 이유를 떠나서도 우리가 용서해야 할 이유는 많다. 무엇보다도 용서하지 않는 상태가 우리에게 크나큰 해악을 끼친다. 만성적인 분노는 고혈압과 같은 각종 신체 질환이나 우울증, 대인관계 문제 등과 관련이 깊다. 이때 용서는 정서적인 울혈을 풀어서 심신에 안녕을 가져온다. 게다가 용서의 과정에서 일어나는 심리적 성숙은 외상 후 성장(Post-Traumatic Growth)을 끌어내기도 한다. 하지만 이 좋은 용서를 쉽사리 선택하지 못하는 데에는 몇 가지 이유가 있다.

먼저, 용서해 버리면 정의 구현이 안 될 것 같아서다. 용서는 가해자의 잘못을 정당화하고 피해자의 부담을 늘리는 일로 오인되곤 한다. 실제로 용서라는 귀한 덕목을 악용하는 사례들이 있으니 아예 없는 말은 아니다. 영화 〈밀양〉은 용서에 대한 뒤틀리고 경박한 인식을 적나라하게 그려냈다. 베푼 적도 없는 용서를 멋대로 날름 받아먹은 가해자의 뻔뻔함에, 피해자는 가족을 잃은 슬픔보다 더 큰 충격 속에서 살아야 했다. 용서가 사회적으로 구현될 때는 가해자의 죄책이 거저 탕감되지 않도록 첨예하게 다듬어져야 한다. 그렇지 않으면 용서는 피해자를 속박하고 가해자를 해방하는 수단으로 전락할 수 있다.

어떤 상처는 마음에 족쇄를 채운다. 족쇄를 찬 사람은 각인된 과거의 기억, 시간이 지나도 생생히 느껴지는 아픔, 세상에 대한 불신 등에 갇히고 만다. 그래서 비슷한 상황이 오면 속절없이 멘탈이 무너지고 만다. 상처에 대한 진정 어린 사과와 보상이 있으면 족쇄가 좀 느슨해지긴 하겠으나, 결국 마지막에 잠긴 걸쇠를 푸는 것은 오직 자신만이 할 수 있다. 용서라는 열쇠는 자신에게만 있기 때문이다. 자기 마음의 문에 대한 선택권은 그 어떤 가해자나 무시무시한 재앙도 빼앗을 수 없는 고유의 권한이다. 잘 준비된 용서는 자유와 권능을 부여한다. 서두르지 말되 질질 끌지도 말자. 삶을 흉물스럽게 만드는 것들이 제멋대로 당신의 마음을 차지하지 않도록, 당신의 귀한 시간을 모두 잡아먹지 않도록 내 마음의 공간을 지키자. 버튼이 눌리듯 무너지지 않고 단단하게 나아가는 힘이 생길 것이다.

오랜 앙금을 털어 내고
홀가분한 인생을 사는 법

용서를 막는 또 하나의 걸림돌은 울화로 응어리진 마음, 원한이다. 자고로 우리는 한(恨)의 민족으로 오뉴월에도 서리를 내리는 심정이 무엇인지 잘 알고 있다. 러스킨 교수에 따르면, 울화는 두 가지 과정을 거쳐서 형성된다고 한다. 우선 원치 않은 일이 생겼기 때문이고, 그다음에는 이것을 너무 개인적인 일로 해석하며 오래 마음에 담아 두었기 때문이다.

앞서 영숙 씨는 여느 아이들처럼 부모로부터 치우침 없는 넉넉한 사랑을 받고 싶었을 것이다. 이런 기대는 언니에 대한 편애를 느낄 때마다 수도 없이 무너져야 했다. 영숙 씨가 느꼈을 정서적 결핍감은 '오직 나만' 겪는 불행으로 인식되며 더 깊숙이 상처를 남겼을 것이다.

이렇게 마음에 앙금이 남으면 그때부터는 내 인생을 망치러 온 불청객을 탓하는 데에 온 힘을 다 쏟게 된다. 모든 생각과 감정의 초점이 원망의 대상에게 있기에, 현재의 일들도 과거의 거푸집에 맞춰서 각색된다. 영숙 씨는 현재 가정에서 일어나고 있는 일을 자신의 과거 거푸집, 즉 둘째로서의 설움과 부모님에 대한 원망이라는 틀에 맞춰 해석하고 있었다. 그래서 누구보다 편애를 싫어했던 장본인이 편애를 조장하는 모순 속에 빠져들고 말았다.

당신을 옭아매는 한은 무엇인가? 과거의 어떤 시점에서 맴돌고 있는가? 누구에게 발목이 잡혀 있는가? 진짜 이 지긋지긋한 굴레에서 벗어나고 싶지 않은가? 그렇다면 당신의 마음을 차지한 불청객, 원한에게 외쳐 보자.

"내 마음에서 나가 줘!"

러스킨 교수의 연구를 참고하여 일상에서 실천할 수 있는 용서의 4단계를 다시 정리했다. 나 역시 이 작업을 하며 오랜 원한 하나를 풀었으니, 엄청나게 효험이 있는 방법임을 믿어도 좋다.

1. 용서가 안 되는 일 발견하기

도저히 용서가 안 되는 일, 아니 더럽고 치사해서 용서하기 싫은 일을 떠올려 보자. 다음에서 힌트를 얻어도 좋다.

1) 오래전 일인데도 생각하면 분노가 치민다
2) 그 일에 대해선 유난히 격앙된 목소리로 빠르게 말하게 된다
3) "너 그 얘기만 나오면 흥분하더라"라는 말을 들은 적이 있다

꼭 생생한 분노가 아니더라도 내가 잘 삐지는 일, 꿍하게 되는 일, 사리가 나올 정도로 참았다고 여겨지는 일들도 눈여겨보자. 거기에도 머지않아 한이 서릴 테니까.

2. 당위의 문장 찾기

한의 기본 재료는 좌절이다. 예기치 않은 사고나 재앙, 기대했던 것의 실패가 한이 된다. 좌절의 크기가 컸다는 건 그만큼 기대 수준이 높았다는 뜻이기도 하다. 이때 아주 높은 기대는 당위의 규칙으로 둔갑하기도 한다. "나는 안전해지고 싶어"라는 소망이 너무 강렬하다 보면 "나는 안전해야만 해"라는 규칙이 되고, 여기에서 어긋나는 일이 생기면 엄청난 좌절을 경험한다. 당사자로서는 절대로 용납할 수 없는 일인 셈이지만 아무리 당위의 탈을 써도 본체는 소망에 불과하다. 소망이 꼭 충족된다는 법은 없다. 현실에서는 소망이 이루어지는 일보다 어그러지는 일이 더 흔하다.

그러니 당위란 일종의 완벽주의적인 사고이다. 그래야만 한다는 생각, 그렇지 않으면 완전히 망한 거란 생각이 깔려 있다. 앞서 충분히 살폈지만, 불완전한 세상에서 완벽주의적인 기대를 갖는다는 건 매우 불리하다. 포기할 수 없는 절대 규칙이 많을수록 원한에 걸려들 가능성도 커진다. 당신을 낙심하게 만든 당위는 무엇인가? 한두 문장으로 적어 보자.

3. 보편성 찾기

한의 두 번째 재료는 '나만 겪은 일'이라는 해석이다. 때로는 나의 상처를 누군가와 나눌 수 있다는 가능성만으로도 위로가 될 때가 있다. 같은 원리를 3장의 비교의식 주제를 다루면서도 언급했다. 같은 경험이라도 '나만 겪은 불행'이면 가슴을 짓누르지만 '다른 사람도 겪는 일'이라면 상처의 무게가 좀 가벼워진다. 실제로 비슷한 아픔을 지닌 사람들의 모임은 비극에서 살아남은 생존자들의 회복을 촉진하는 경향이 있다. 보편성이 지닌 힘이다.

영숙 씨의 사례를 보자. 사실 그 시절 부모들은 심리적인 상처니 뭐니 따질 여유가 없었다. 생존 그 자체가 삶의 목표였던 치열한 시절에 맏이에게 치이고 막내에게 밀려서 서러웠던 둘째들은 수만 명 이상이었을 테다. 영숙 씨의 아픔을 충분히 이해하고 개인의 상처를 과소평가할 의도는 추호도 없다. 다만 상처에 매몰되어 불행을 극대화하지는 않았으면 한다. 경험에서 한 발짝 물러날 때 균형 잡힌 시각으로 문제를 바라볼 수 있다.

4. 오염된 소망 복구하기

당위와 개인적인 일로 오염된 소망을 원상태로 되돌리자. 구체적으로는 "-해야만 한다"라는 문장을 "-하고 싶다"라는 문장으로 바꾸는 작업이다. 당위에는 실패의 여지가 없는 반면, 소망에는 여유 공간이 많다. 그대로 되면 더할 나위 없이 좋겠지만 뜻대로 되지 않는다 해도 아쉬움과 서운함을 수용할 여지가 충분하다. 그 여지는 생각을 유연하게 만들어서 대안적인 관점을 취할 수 있게 해 준다.

'우리 부모님이 편애하지 않았더라면 좋았겠지만 어쩌겠어. 그때는 그런 인식 자체가 없었는데. 나는 딸들에게 똑같은 실수를 반복하지 말아야지.'

소망이 남겨 둔 공간에는 미래를 능동적으로 건설할 수 있는 가능성이 들어선다. 영숙 씨가 원래 추구하던 가치는 가족에 대한 사랑과 공정함이었을 것이다. 비록 과거는 소망과 거리가 멀었지만 앞으로는 영숙 씨의 대처에 따라 소망에 더 가까워질 수도 있다. 혹여 뜻대로 인생이 굴러가지 않더라도 그때의 아쉬움은 '그럴 수도 있지. 세상사가 그런 걸 어쩌겠어'라는 마음으로 달래며 새로운 소망을 품을 수 있다. 오랜 원한으로 시야가 가려져 있던 탓에 긍정적인 가치들을 발견하기 어려울 수도 있다. 그렇다면 2장에서 소개한 '기쁨 수집가' 활동을 기억하자. 원망과 저주의 언어로 가득했던 당신의 감정 사전에도 새로운 긍정 어휘들을 수록해 가길 바란다.

5장

마음의 힘을 기르는
일상 습관

금이 간 마음에 입히는 강화제 '습관'

이제 강철 인간은 멘탈 파괴자로부터 마음을 지키기 위한 방패와 건강한 관계를 만들어 줄 무기들을 손에 넣었다. 처음에는 어색했지만 자꾸 사용하다 보니 꽤 익숙해졌다. 때때로 시행착오를 겪더라도 더는 멘탈이 유리처럼 와장창 깨져 버리진 않고 실금이 가는 정도이다. 이전 같으면 미세한 실금에도 실망하며 방에 틀어박혀서 우울해했겠지만 강철 인간은 그런 해로운 일에 자신의 시간과 체력을 낭비하지 않기로 했다. 대신에 그는 금이 간 마음을 차분히 어루만지며 강화제를 입힌다.

'오늘은 좀 힘들었다. 그래도 괜찮아. 상처는 돌보면 아물어. 새살이 돋으면 내 마음은 더 단단해질 거야.'

이 책을 읽는 동안 당신의 마음은 어떻게 변화했는가? 정체 모를 감정에는 이름이 생겼는가? 마음을 좀먹는 불안과 매캐한 짜증을 그때그때 잘 털어내고 있는가? 감정 사전에는 좋은 어휘들이 꾸준히 실리고 있는가? 바른 생각들로 마음의 자세를 교정하고 있는가? 의젓하게 책임지며 성찰하고 있는가? 자신과 타인에 대한 지식을 쌓고 있는가? 사과와 용서로 관계를 다지고 있는가? 이 모든 변화의 시작을 아직도 미루고 있다면, 머뭇거리지 말고 지금 당장 시작하자.

변화를 향한 첫걸음을 뗀 당신을 위해 마지막 선물을 준비했다. 책장을 덮는 순간 모든 결심이 사라져서 작심삼일이 되지 않도록, 당신의 변화가 30일, 3개월, 3년씩 지속되다가 마침내 피부처럼 자기 것이 될 수 있도록 정신을 지탱해 줄 작지만 강력한 습관들을 소개하려고 한다. 이제껏 우리가 컴퓨터의 소프트웨어를 다뤄왔다면 지금부터 집중할 대상은 하드웨어이다. 눈에 보이고 만질 수 있는 것들, 물리의 법칙을 따르는 것들, 바로 우리를 둘러싼 환경과 몸에 관한 이야기이다.

학부생 시절에 심리학을 전공한다고 하면 자주 들었던 말이 있다.

"제 심리를 꿰뚫어 보실 것 같아요."

애석하지만 그 고생스러운 공부와 수련 과정을 모두 거쳤음에도 끝내 투시 능력을 획득하지 못했다. 그보다는 뇌 그림을 그려가며 각 부위의 명칭과 기능을 달달 외웠던 경험, 분명 난 문과로 진학했는데 갑자기 통계학을 시켜서 눈물이 아주 많이 났던 경험, 참가자를 모집해서 실험하고 데이터를 모았던 경험 등이 있다. 신비롭고 영험한 세계에 대한 환상을 품고 심리학과에 진학한 초심자는 통계와 생물이란 두 관문 앞에서 고배를 마시곤 한다. 이처럼 문과인 듯 문과 아닌 이과 같은 심리학의 성격은 두 가지 중요한 사실을 보여 준다. 그만큼 심리라는 것은 구체적인 실물 세계와 밀접한 관련이 있다는 점, 그러하기에 객관적이고 과학적인 방법으로 탐구하고 검증할 수 있다는 점이다. 정신은 신비롭고 환상적인 허구가 아니다. 정신은 물리적인 세계 위에 존재한다. 그래서 정신을 건강하게 만들고 싶다면 반드시 당신을 둘러싼 외부 환경과 몸에도 관심을 가져야 한다.

이 장에서는 우리가 벗어나서 살 수 없는 것들, 즉 우리의 일상을 구성하고 있는 하드웨어에 대해 살펴보려고 한다. 바로 시간, 공간, 몸 그리고 일이다. 어떠한 마음의 태도로 이것들을 취급하고 활용할 것인지 지금부터 올바른 사용법을 익혀 보자. 잘 관리된 하드웨어는 마음이란 소프트웨어의 든든한 기반이 될 것이다.

미라클 모닝 말고 '굿 모닝'

요즘 '갓생'이라는 말이 유행하고 있다. 갓생은 신(god)과 인생(生)을 합친 신조어로, 부지런히 계획을 세우고 목표를 달성하는 삶을 뜻한다. 갓생만큼이나 내공이 필요한 도전이 있으니 바로 '미라클 모닝'이다. 새벽 4-6시 사이에 기상해서 운동, 독서, 공부 등을 하며 자기만의 시간을 보내는 일종의 의식(ritual)이라고 볼 수 있다. 미라클 모닝과 갓생에는 모두 시간이라는 제한된 자원을 잘 사용하여 인생의 주도권을 쥐고 싶다는 염원이 담겨 있다.

무기력감, 무질서, 태만, 타성과 같이 삶을 퇴보하게 만드는 것들을 떨쳐 낼 수 있다는 점에서 미라클 모닝과 갓생은 정신 건강에도 좋아 보인다. 하지만 여기에는 치명적인 단점이 있다. 실천하기가 너무너무 어렵다는 것이다. 오죽 힘들면 신의 삶이라고 칭할까? 미라클 모닝과 갓생을 담은 브이로그를 보면서 동기 부여를 해 보지만 현실은 포근한 이불 속에 있는 것이 편한 게 사실이다. 나에게 맞지도 않고 너무 어려운 목표를 설정하면 괜히 자신을 채근할 일만 생긴다. 우리는 신이 아니라서 매일 기적을 만들어 낼 수는 없다. 미라클 모닝은 느슨해진 인생 씬에 긴장감을 부여하는 정도로 받아들여야 한다. 갓생도 하루이틀이지 매일 그렇게 살다 간 번아웃에 빠진다. 회사 다니랴 자식들 뒤치다꺼리하랴 이미 생업으로 인해 지칠 대로 지친 보통 사람들에게는 아무리 건전한 취지의 활동이라도 독이 된다.

지나치게 높은 목표를 설정하면 부담이 커서 그 일을 시작할 엄두조차 내지 못하게 된다. 그렇게 차일피일 시작을 회피하다 보면 결국 아무 일도 일어나지 않기 때문에 목표를 달성할 수 없다. 한없이 미루고 있는 일들을 떠올려 보자. 그 중 실제 성취로 이어진 것이 얼마나 되는가? 영혼까지 끌어 모아서 겨우 그 과제를 시작했다 치자. 노력은 가상하나 이 또한 수많은 현실적인 장벽에 부딪혀서 오랫동안 지속되지는 못한다. 결국 이러나저러나 자신의 여건과 실력에 비해 터무니없게 높은 목표는 실패로 귀결될 가능성이 크다.

자기 효능감은 '이 정도는 할 만하겠다. 도전해 볼 수 있 겠다'라는 마음이다. 자기 효능감은 성공 경험을 먹고 자란 다. 성공 경험을 축적하려면 자기 실력보다 한두 걸음 앞선 정도 수준의 목표를 설정해야 한다. 과제가 너무 어려우면 여기에 압도당해서 실패하고, 너무 쉬우면 아무런 발전이 없 다. 난이도가 적절해야 중도 포기나 미루기와 같은 허들에 걸려 넘어지지 않고 수행을 지속할 수 있다. 자신의 실력과 여건에 맞지도 않는 신성한 아침은 꿈꾸지 말자. 작아도 현 실적인 과제들을 달성하면서 차곡차곡 성공 경험을 쌓는 것 이 멘탈과 성장에 더 유익하다.

그래서 나는 어쩌다 한 번 미라클 모닝을 하기보다 매일 '굿 모닝' 하기를 권한다. "아침에 일어나면 이불부터 개라"는 말을 들어봤을 것이다. 이불 개기라는 과제의 난이도는 아주 낮다. 특별한 기술이 필요한 것도, 돈이 드는 것도 아니다. 아무리 게을러도 3분 남짓 팔다리만 조금 파닥거리면 성공할 수 있다. 하지만 이 작은 움직임이 가져오는 결과는 상당히 값지다. 이불을 개는 것만으로도 당신은 그날 해야 할 수많은 일 중 이미 하나를 성공한 셈이다. 그것도 눈곱도 다 떼지 못한 아침에 해냈다! 첫 단추를 잘 끼움으로써 하루를 살아가는 데에 필요한 자기 효능감을 장착한 것이다.

내가 제안할 굿 모닝의 원리도 이와 비슷하다. 눈뜨자마자 해낼 일 딱 한 가지를 정하고 그 일을 실천해 보자. 이때 할 일의 내용은 성공할 수밖에 없을 정도로 만만해야 한다. 처음에는 3분 이내로 끝나는 일을 찾아보자. 전날 늦게까지 과음해서 몸이 천근만근이어도, 애들 등교 준비로 인해 정신없이 바쁜 와중에도, 기분이 울적하고 무기력해서 손 하나 까딱하기 힘든 날에도 너끈히 해낼 수 있어야 한다. 누군가에게는 창문을 열어 환기하는 일이, 누군가에게는 가볍게 스트레칭하는 일이 굿 모닝에 적당할 것이다. 건강을 해치거나 법에 저촉되지 않는다면 그 어떤 활동이라도 좋다.

굿 모닝을 실천함에 있어서는 절대 체면을 세우지 말아야 한다.

'아침에 30분 독서 정도는 해야 하는 거 아냐?'

30분 독서가 일상인 사람이라면 모를까, 1년에 두 권도 읽지 않는 사람이 갑작스레 이런 기적을 행하리라 기대하지는 말자. 이것저것 준비할 게 많아서 번거롭거나 돈이 많이 드는 일도 목표 활동으로서 적당하지 않다. 배보다 배꼽이 더 크면 안 된다. 매일 아침에 눈을 뜨는 일이 바위처럼 무겁지 않았으면 한다. 하루 중 당신이 처음으로 만나는 시간에 "굿 모닝" 하며 기분 좋은 첫인사를 건네길 바란다. 좋은 아침들이 차곡차곡 쌓이는 것이야말로 기적과 같은 삶이 아닐까?

공간을 정리하면
마음도 정돈된다

　"굿 모닝"을 외치며 산뜻하게 아침을 시작했을 당신, 그런데 가장 먼저 눈에 들어온 장면이 돼지우리처럼 지저분한 집구석이다. 이런, 그 난장판을 보는 순간 불쾌감이 몰려오고 의욕이 꺾인다. 시간과 더불어 우리의 물리적인 세계를 이루는 하드웨어는 공간이다. 공간에 속하지 않는 몸은 없고, 공간에 영향을 받지 않는 정신도 없다.

　쾌적한 공간을 위해서는 정리 정돈을 잘해야 한다. 너무도 당연한 상식이라 모르는 사람은 없을 테지만 실천하기가 어렵다. 보통 정리 정돈이 어려운 이유를 게으름이나 의지박약으로만 설명하는데 그것만으로는 충분하지 않다. 공간을 잘 관리하기 위해서는 팔다리 외에도 꼭 필요한 부분이 있다. 바로 우리의 뇌, 그중에서도 이마 바로 뒤에 있는 전전두피질(Prefrontal Cortex)이다.

어질러진 방을 정리하는 동안 머릿속에서는 어떤 일이 일어날까? 우리는 가장 먼저 안구라는 감각 기관을 통해 너저분한 공간을 빠르게 스캔하여 시각 정보를 입수한다. 그리고 사태의 심각성과 주어진 시간을 견주어 목표치를 견적 낸다. 이제 무작위로 흩어져 있는 시각 자극들을 용도에 맞게 분류해야 하는데, 이때 필요한 것이 바로 조직화(Organization) 능력이다. 쓰임새에 따라 몇 가지 범주로 물건들을 나누고, 그것들을 저마다 목적지에 가져다 놓는 것이다. 모든 물건을 동시에 옮길 수는 없으니 우선순위를 정해야 한다. 그러는 동안 아까 정했던 물건들의 제자리가 어디인지 까먹지 않도록 작업 기억(Working Memory)을 가동해야 하고, 동시에 목표한 시간을 벗어나지 않도록 전체적인 프로세스를 점검해야 한다.

아, 내 방이 더러운 이유가 다 있었구나. 정리 정돈은 너무나도 복잡하고 어려운 작업이었다. 계획하기, 기억하기, 분류하기, 우선순위 정하기 등을 아울러서 실행 기능 (Executive Function)이라고 하며, 이는 주로 전전두피질에서 담당하는 것으로 알려져 있다. 주의력결핍 과잉행동 장애(Attention Deficit/Hyperactivity Disorder; ADHD) 환자들은 실행 기능의 문제로 인해 정리 정돈에 큰 어려움을 겪는다. 너저분한 공간에 있으면 안 그래도 약한 집중력이 더 떨어지고 만다. 그래서 ADHD에 효과적인 치료로 알려진 인지행동치료에서는 공간을 쾌적하게 관리하는 내용을 주의 깊게 다룬다.

그 밖에도 다양한 정신 건강상의 문제가 정리 정돈에서 드러난다. 강박장애의 일종인 저장장애(Hoarding Disorder)는 일상에 지장이 있을 정도로 물건을 쌓아 두고 버리지 못하는 증상을 보인다. 우울증이 심할 때도 정리 정돈의 어려움을 겪을 수 있다. 단순히 의지가 부족해서가 아니라 생활을 영위하는 데에 필요한 기초적인 활력 수준 자체가 극심하게 떨어졌기 때문이다. 정리 정돈을 할 줄 알고 해낼 수 있다는 것은 결코 당연한 일이 아니다.

그렇다면 전전두피질도 멀쩡하고 다른 정신적 어려움도 없는데 정리가 어려운 이유는 무엇일까? 그렇다. 우리는 결국 귀차니즘에 항복해서 한없이 정리 정돈을 미루고 있다. 반대로 이 귀찮음만 극복하면 깨끗한 집도 그림의 떡은 아니란 소리다. 앞서 보았듯이 정리 정돈은 여러 과정으로 이루어져 있는 복합적인 과제이다. 막상 실천하려고 하면 '깨끗이'라는 목표가 막연하게 느껴져서 바로 행동으로 옮기기 어렵다. 행동하게 만들려면 목표를 구체화할 필요가 있다.

1) 짧은 시간, 작은 공간을 목표로 삼자

마음에서 부담스럽거나 모호하게 느껴지는 과제는 행

동으로 이어지지 않는다. '오늘'처럼 길고 '언제 한 번'처럼 막연한 시간 단위는 적절하지 않다. 마찬가지로 '집 대청소'나 '베란다 뒤집기'와 같이 부담스러운 공간 목표도 미루기 딱 좋다. 일단 정리 정돈이라는 행동을 시작하게 만드는 게 중요하다. 그러려면 '5분 동안' 또는 '노래 한 곡 끝날 때까지'로 시간을 제한해야 한다. '첫 번째 서랍, 식탁 위, 전자레인지 주변으로 한 뼘 반경, 침대 위'와 같이 공간의 범위도 좁히자. 부담 없는 한 구역 정도면 좋겠다.

2) 구체적으로 어떤 행동을 할지 정하기

시간과 공간의 표적을 정했다면 이제 어떤 행동을 할 것인지 정할 차례다. 정리 정돈이란 표현 대신에 아주 구체적인 행동에 대한 말들로 과제를 정의해야 한다.

여기저기 흩어져 있는 필기구를 모아서 연필꽂이에 꽂기
가방 속 오래된 영수증과 휴지 뭉치 버리기
식탁 위에 있는 장난감을 모두 제자리에 가져다 두기

가로로 얹어 둔 책들을 빼서 맨 아래 책장에 세로로 꼽기

객관적으로 측정할 수 있는 수치를 포함하면 한결 명확한 목표가 된다.

옷 열 벌을 옷걸이에 걸어서 옷장에 넣기

열 벌씩 열흘만 지속하면 100벌의 옷도 정리할 수 있다. 과제를 잊지 않기 위해 메모지에 써 두는 것도 좋다.

3) 지체 말고 시작하기

이쯤 되면 앞서 한 일이 아까워서라도 정리를 시작하게 된다. 귀찮을 시간도 주지 말고 그냥 해 버리자. 그래 봤자 노래 한 곡 부르는 시간이면 끝난다. 아이들이 장난감을 정리할 때 즐겨 부르는 동요가 있다. "모두 제자리~ 모두 제자리~ 모두 모두 제자리~" 이 짧고 단순한 노래의 위력은 대단하다. 마치 하나의 놀이처럼 흥얼거리며 장난감들의 제자리

를 찾아 주다 보면 어느새 공간이 깨끗해진다. 이렇게 차근차근 정리하는 동안 너저분하게 흩어져 있던 당신의 생각과 감정의 조각들도 하나씩 제자리를 찾아갈 것이다. 그러니 미루지 말고 시작하자. 모두 제자리!

내가 좋아하는 것들로
나의 공간을 가꾸자

근묵자흑 근주자적(近墨者黑 近朱者赤)이란 말이 있다. 검은 먹을 가까이하면 검어지고, 붉은 것을 가까이하면 붉어진다는 뜻이다. 그만큼 우리는 주변 환경으로부터 많은 영향을 받는다. 누구를 만나고 어떤 상황에 처하느냐에 따라서 인생은 검게 물들 수도, 붉게 물들 수도 있다. 그중에서도 매일 먹고, 자고, 놀고, 일하는 공간이야말로 우리에게 영향을 미치는 직접적인 환경이라고 할 수 있다.

공간은 주인을 닮는다. 고양이를 키우는 사람은 집 안에 캣 타워를 놓는다. 식물을 좋아하는 사람은 베란다에 작은 정원을 만들고, 책을 좋아하는 사람은 방 한 칸을 서재로 꾸민다. 아기용품으로 꽉 찬 거실에서는 자기 삶의 가장 큰 부분을 아기에게 내어 준 부모의 삶을 엿볼 수 있다. 주위를 둘러보자. 당신의 공간은 당신이 어떤 사람이라고 말하고 있는가?

공간은 주인을 디자인하기도 한다. 불면증이 있는 사람에게 전문가들이 공통으로 강조하는 것이 있다. 수면에 영향을 줄 수 있는 외부의 환경과 일련의 습관, 즉 수면 위생이다. 수면 위생이 좋아지려면 침실은 오로지 잠을 위한 공간이 되어야 한다. 그래야 침대에 누웠을 때 우리의 뇌가 '이제 잘 시간이구나'라고 인식해서 쉽게 잠이 든다. 반면에 낮에도 수시로 침대에 누워서 스마트폰을 보며 빈둥거린다면 침실이 잠 이외의 것과 연합되고 만다. '침대+잠'의 연합보다 '침대+스마트폰'의 연합이 더 강하면, 취침 시간에 누워도 뇌는 놀자는 뜻으로 착각할 수 있다.

회사에서는 조직이 추구하는 목적을 달성하기 위해 공간 배치를 활용한다. 위계질서를 통해 효율을 극대화하려는 조직에서는 부하 직원들이 한눈에 보이는 자리에 감독자가 앉는다. 자리마다 놓인 가림막은 상호 간의 소통을 억제하며 각자 할 일에 집중하도록 분위기를 조성한다. 이와 달리 가림막 없이 탁 트인 공간을 조성한 회사들도 있다. 심지어는 지정 좌석제가 아니라 그때마다 앉고 싶은 자리를 자율적으로 선택하기도 한다. 이런 조직은 보통 수평적이고 자유로운 문화를 추구하는 경향이 있다. 시간이 흐를수록 조직의 분위기와 문화는 공간을 쏙 빼닮아 간다.

다시 한번 당신의 공간을 둘러보자. 당신의 공간은 어떤 가치를 반영하는가? 어떤 미래를 그리고 있는가? 집에 들어가서 자주 보고, 만지고, 사용하는 물건은 무엇인가? 주방에는 청결과 건강이라는 가치가 잘 반영되어 있는가? 침실은 쉼을 위해 분리되어 있는가? 거실은 오손도손 둘러앉아 대화하기에 적절한가?

모두가 자기 소망에 부합하도록 공간을 가꿀 수 있으면 좋으련만 상당한 에너지가 필요한 일이다. 나 또한 내가 사는 곳을 보면 한숨이 나올 때가 많다. 아무리 "모두 제자리" 동요를 흥얼거리며 치워도 아이들과 놀다 보면 금세 집이 어질러진다. 애들 짐에 밀리고 밀려 내가 아끼던 찻잔, 그릇, 책장은 모두 한 방에 처박힌 지 오래다. 잠은 애들 방에서, 놀이는 거실에서, 옷은 안방에서 갈아입다 보니 이제 나만의 공간은 없는 거나 마찬가지다. 무엇보다 공간은 너무 비싸다. 우리가 원하는 대로 공간을 꾸미려면 일단 그 공간을 사고, 빌리고, 꾸밀 돈이 있어야 한다. 그래서 대다수에게 공간은 선택의 대상이 아니다.

그럼에도 선택권이 하나 남아 있다. 어떤 것을 가까이하고 멀리할지는 우리 손에 달려 있다. 검은 먹 대신에 우리가 추구하는 삶, 지향하는 미래, 지키고 싶은 가치와 관련된 물건들을 가까이 두자. 그것들을 보고, 듣고, 만지고, 사용하는 횟수가 늘어나도록 근접한 곳에 배치하자. 나도 모르는 새 좋은 물이 들어서 원하던 삶에 한 발짝 더 다가가게 될 것이다. 반대로 가치를 실현하지 못하도록 방해하는 것들은 최대한 멀리 두자. 의지만으로 환경의 모든 영향력을 차단할 수는 없다. 몸에서 멀어지면 마음에서도 멀어진다고, 나를 망치는 것들은 말 그대로 멀리 두어야 한다. 보이지도 않고 들리지도 않는 곳에서 서서히 잊히도록 말이다.

엄마가 된 후로 몇 년째 나는 꽤 반복적인 일상을 살고 있다. 평일에는 아이들의 하원 시간에 맞춰서 일을 마치고 저녁 준비, 목욕시키기, 설거지와 같은 일들을 부지런히 처리한 다음 자기 전까지 아이들과 시간을 보낸다. 이 시간을 통해 내가 실현하고 싶은 가치는 양질의 상호작용이다. 그런데 스마트폰이 가치 실현을 방해하곤 했다. 급한 연락이 오는 것도 아니고 대단한 유희를 누리는 것도 아니면서 손에만 쥐고 있으면 어김없이 그 세계로 빨려 들어가곤 했다. 그러는 동안 내가 추구하는 가치와는 자꾸 멀어지고 있었지만 알면서도 의지로 끊어 내기가 힘들었다.

그래서 떠올린 방법이 멀리 두는 것이었다. 아이들과 시간을 보낼 때는 되도록 스마트폰을 안방에 두고 방문을 닫아 놓는다. 가는 길이 귀찮아지니 쓸데없이 찾는 일도 자연히 줄어든다. 걸림돌을 치운 자리는 자연스레 새로운 활동들로 채워졌다. 신나는 노래에 맞춰서 다 함께 율동도 하고, 간식도 나눠 먹고, 동화책도 읽는다. 소파와 식탁 위에는 책을 한두 권 비치했다. 잠깐의 휴식이 필요할 때면 손에 닿을 거리에 있는 책을 집어 들고 이렇게 말한다.

"엄마도 잠깐 쉬는 시간!"

잠시 숨을 고르는 동안 읽는 몇 구절은 꿀처럼 달다.

우리의 마음, 행동, 습관은 공간에 맞춰서 구색을 갖춘다. 실현하고 싶은 가치를 공간에 녹이자. 원치 않는 색으로 삶을 더럽히는 것들은 멀리 떨어뜨려 놓고, 흠뻑 물이 들어도 좋을 만한 것들을 곁에 두자. 그런 공간에서 살다 보면 어느덧 당신도 그런 사람이 되어 있을 것이다.

건강한 몸 위에
건강한 마음이 자란다

    시간과 공간에 이어 관리해야 할 하드웨어는 우리의 몸이다. 정신세계라고 불리는 것들은 대부분 뇌의 작용을 뜻하는데, 뇌도 신체 일부이다. 그러니 정신 건강은 곧 몸의 건강이다. 몸은 마음을 싣고 가는 자동차이다. 자동차가 달리도록 만들어진 것처럼 우리의 몸도 움직이게끔 설계되어 있다. 신체를 구성하는 무수한 근육들은 수축과 이완을 반복하고, 그 곁엔 근육을 지탱하는 단단한 뼈와 뼈들의 사이를 부드럽게 연결하는 관절이 있다. 첨단의 기계보다도 더 정교하게 설계된 우리의 몸은 각 부위의 합작으로 움직임을 만들어 낸다. 그 움직임은 생명을 유지하고 일상을 운영한다. 우리가 느끼지 못하는 사이에도 몸은 열심히 움직이며 맡은 바를 다하고 있다.

움직이도록 설계된 것들이 움직이지 않으면 본연의 쓰임새를 잃는다. 멈춰 서 있는 자동차는 자리만 차지하는 고철 덩어리요, 사용하지 않는 실내 자전거는 비싼 빨래 건조대에 불과하다. 움직이지 않는 몸은 어떨까? 우리 주변에는 움직임을 대신해 주는 것들이 많다. 코앞까지 필요한 것을 가져다주는 각종 배송 배달 서비스, 젖은 빨래를 말려 주는 건조기, 옷의 먼지를 제거하고 구김을 펴 주는 의류 관리 가전제품, 로봇청소기 등. 게다가 이 모든 대리 움직임은 스마트폰 하나로 좌우할 수 있다. 눈에 불을 켜고 찾지 않는 이상 몸을 쓸 기회를 포착할 수 없다. 주로 앉아서 일하는 사무직 종사자의 움직임 현황은 더욱 참혹하다. 재택근무라도 하는 날엔 하루에 백 보도 움직이지 않는다.

쓰지 않는 몸에는 녹이 슨다. 오랫동안 움직이지 않고 멈춰 있는 몸에게 인터뷰를 요청한다면 이렇게 답할지도 모르겠다.

"이거 안 쓰는 몸이죠? 그럼 꺼야겠네요."

일찍이 세계 보건 기구(WHO)에서는 신체적 비활동성이 전반적인 신체 건강을 위협한다고 경고하며, '앉아서 지내는 생활 양식'이 전 세계 사망 및 장애의 10대 요인 중 하나라고 지목했다. 앉아서 하는 생활 양식은 심혈관계 질환, 당뇨병, 고혈압, 골다공증, 우울 및 불안의 위험성을 높이며 전반적인 사망률 증가에 이바지하는 것으로 알려져 있다. 사용하지 않으면, 몸은 조금씩 생명력을 잃어 간다.

움직임이 부족하면 근력이 약해지고, 근력이 약해지면 점점 더 움직일 수 없게 된다. 근감소증이 각종 건강 문제와 삶의 질에 저하를 초래한다는 것은 누구나 아는 상식이지만 근력이 인지 기능과도 직접적인 관련이 있다는 사실은 몰랐을 것이다. 정신과에서는 외상에 의한 뇌 손상이나 치매 소견이 있을 때 신경 심리검사를 실시한다. 이때 기구를 사용하여 수검자의 악력을 측정하는데, 필기구를 쓸 때 나타나는 필압과 손의 떨림 등을 세밀하게 관찰한다. 미국의사협회저널(JAMA)에서 발표한 연구 내용에 따르면, 중년기 남녀의 악력 크기와 10년 후 인지 기능 저하에 대한 상관성을 추적하자 약한 악력이 인지 기능의 저하와 관련될 뿐 아니라 일상적인 기능에도 영향을 미쳤다고 한다.

답답한 집 안, 몇 걸음 안팎의 방구석, 그중에서도 주로 침대에서 생활하는 상태에서는 절대, 절대 정신적으로도 건강할 수 없다. 그 좁고 갑갑한 공간 안에 있으면 인간의 생각과 감정도 그렇게 된다. 새로운 자극과 배움이 없는 권태로운 일상에서 곱씹을 거라곤 과거에 대한 후회, 미래에 대한 염려 그리고 자기 인생에 대한 비관밖에 없다. 그러므로 움직이지 않겠다는 것은 곧 정신 건강을 포기하겠다는 뜻이다.

방법은 하나뿐이다. 몸을 움직여라. 몸이 본래 설계된 의도대로 충실히 사용하라. 둔탁한 기계가 둔한 몸을 실어 나를 때까지 기다리지 말고 두 발로 계단을 밟아 올라가자. 배달음식을 기다리기보다 가끔은 두 다리를 움직여서 직접 사러 가자. 팔 근육을 사용해서 장바구니의 무게를 견디고, 손가락 근육을 정밀하게 작동시켜서 식재료를 다듬어 보자.

실내에서도 엉덩이가 가벼워야 한다. 앉아 있다가 일어나기를 귀찮아하지 말자. 그 작은 움직임 하나도 귀찮게 여기면, 나중에는 재활치료를 통해서 움직이는 법 자체를 다시 배워야 할지도 모른다. 자꾸만 움직일 빌미를 만들어라. 텔레비전 앞에서 멍하니 누워 있지만 말고 방바닥에 흩어진 머리카락이라도 쓸어 담거나 널브러진 옷가지라도 개켜 보자. 온종일 밖에서 녹초가 된 몸을 푹신한 침대에 내던지고픈 심정이야 십분 이해한다. 하지만 그것이 참 휴식이라는 생각은 마음의 속임수이다. 특별히 아픈 곳이 없는 한 오래 누워서 취하는 휴식은 양질의 수면으로 족하다.

틈새를 공략해서 진짜 운동을 시작하자. 운동은 약물 없이도 기분을 좋게 만들 수 있다. 책《느리게 나이 드는 습관》에서는 규칙적인 운동이 체내에 세로토닌처럼 '기분을 좋게 해 주는(Feel-Good)' 신경전달물질의 수준을 높여 불안과 우울을 낮추는 데 효과적이며, 뇌유래 신경성장인자(BDNF) 수치를 높여서 기억력과 학습 능력이 향상된다고 소개한다. 운동의 효험을 경험한 사람은 운동을 삶의 원동력으로 삼는다. 운동을 전혀 하지 않고 있다면, 그것은 아직 운동이 주는 유익을 맛보지 못했다는 뜻일 것이다.

마음을 싣고 가는 당신의 몸은 어떤 상태인가? 드넓은 세계를 탐구하고 자신만의 인생을 개척하는 데에 거리낌이 없는가? 혹시 둔탁하고 삐걱거리는 움직임이 마음마저 쇠약하게 만들지는 않는가? 만약 그렇다면 회복할 방법은 딱 하나, 지금 당장 몸을 움직여라.

매일 일이라는 시련과
마주하는 우리에게

"일이 좋은 사람은 손 좀 들어보세요."

이 말에 손을 들 수 있는 사람은 몇이나 될까? 직장인은 일일 평균 8시간 이상 회사에 묶여서 자의와 상관없이 누군가가 시키는 일을 해야만 한다. '최종, 진짜 최종, 진짜 마지막 최종' 누가 누가 파일명 길게 짓나 대회도 아니고, 김 수한 무거북이와두루미스러운 보고서나 만들고 있자면 화딱지가 난다. 행정을 위한 행정, 의전을 위한 의전에서 일의 쓸모를 발견하기란 하늘의 별 따기이다. 더군다나 노력에 따른 보상을 받지 못하는 경우가 태반이니, 암만 열심히 해 봤자 사장님 배만 불려주는 것 같아서 배가 아프다.

그럼 사장이 되면 사정이 나아질까? 자영업자는 가게 문을 열기 전부터 열심히 일하지 않고서는 못 배기는 냉혹한 현실을 마주한다. 내가 멈추면 계좌도 멈추는 걸 알기에 제대로 휴가 한 번 떠날 수가 없다. 회사에선 못하면 해고였는데 자영업에선 못하면 파산이다. 냅킨, 빨대, 볼펜, 지우개, 커피 믹스, A4용지 이런 사소한 것들까지 일일이 다 자기 돈으로 사야 하는데, 월세 내는 날은 또 왜 이리 빨리 오는지. 가끔은 월급 받는 직장인들이 부럽다는 생각도 해 본다. 농업, 수산업, 축산업, 임업과 같은 1차 산업의 종사자는 어떨까? 육체적으로 고된 작업을 견뎌야 하는 데다가 악천후나 유행병이라도 생기는 날엔 모든 일이 수포로 돌아간다. 이 와중에 유일하게 일이 좋다고 말하는 위인들도 있다. 바로 아기 엄마들이다. 그런데 속지 말자. 애 보느니 밭매러 간다고, 엄마들은 일이 좋은 게 아니라 그저 엄마로서의 본업이 더 괴로울 뿐이다.

철딱서니가 아니고서야 아무도 일터에서 짜릿한 향락을 누릴 거라 기대하지는 않는다. 그보다는 노력한 만큼 보상을 받고, 가치를 창출하고, 주변에 도움이 되며, 자기 자신도 이전보다 좀 더 나은 사람으로 성장하기를 원한다. 그러나 요지경 세상에서는 최소한의 기대조차 쉽게 무너진다. 처음에는 부당한 제도와 관행 앞에서 분노를 느꼈다가 이내 자기 힘으로는 아무것도 개선할 수 없다는 것을 깨닫고 무기력감에 빠진다. 다 부질없는 짓이라며 보람과 의미를 잃은 사람은 머지않아 허무와 냉소의 먹잇감이 된다.

일에서 의미를 찾지 못하는 사람은 바깥으로 시선을 돌리게 되어 있다. 많은 직장인이 취미생활, 재테크, 부업, 창업과 같은 본업 외의 것들에 몰두하는 현상을 보면 알 수 있다. 삶의 다양한 영역에 관심을 기울이려는 욕구 자체야 나쁠 게 없지만 아무리 발버둥 쳐도 결국 특정 시간만큼은 반드시 본업에 종사해야 한다. 강제로 일터에 묶여 있는 이들은 몇 가지 전략을 쓴다.

첫 번째 전략은 적게 일하기, 즉 어떻게든 노동력을 최소로 들이는 방법이다. 이렇게 하면 쥐꼬리만 한 월급으로 최대한 부려 먹으려는 회사에 한 방 먹이는 것 같고, 직장에서 아낀 에너지를 퇴근 후 부캐를 키우는 데 사용할 수도 있다. 두 번째 전략은 몰래 하기다. 화장실 문 걸어 잠그고 주식장 살피기, 인터넷 쇼핑하다가 누가 오면 빠르게 창 전환하기 등이 여기에 해당한다. 마지막 전략은 유체 이탈법이다. 무기력이 극에 달한 사람이 택하는 최후의 수단으로, 시선은 모니터에 고정한 채 멍 때리기를 시전하는 것이다. 비록 몸은 수용소와 같은 사무실에 갇혀 있어도 정신만큼은 환상의 세계를 자유롭게 활보할 수 있다.

하지만 이 전략들은 잠시 일의 괴로움을 덜어줄 뿐 장기적으로는 결코 유익하지 않다. 언젠가는 회피하던 것들의 책임을 물어야 하기 때문이다. 회사에서 성과를 내지 못하면, 고스란히 연봉과 승진 여부에 반영된다. 어디 직장인뿐이랴? 자영업자는 농땡이를 부리면 수입이 줄고, 고정 지출만큼 벌어들이지 못할 땐 빚더미에 앉을 각오도 해야 한다.

아무래도 일은 우리에게 시련을 주는 것 같다. 이 시련은 지긋지긋할 정도로 매일 반복되는 데다가 피할 수도 없다. 당신은 이미 해 볼 수 있는 노력을 다 해 봤을 것이다. 자책도 해 보고 환경도 바꿔 봤지만, 별 소용이 없었을 테다. 그래서 어쩔 수 없이 이생의 한계를 받아들이며 꾸역꾸역 버티고 있는지도 모르겠다. 서너 시간의 수면 시간도 확보하지 못한 채 주말도 없이 고된 업무에 시달렸을 당시, 나의 정서 상태는 산다는 느낌보다는 죽지 못하고 있는 느낌에 가까웠다. 체력이 바닥나서 신경은 늘 곤두서 있었고 건강에도 문제가 생겼다. 뚜렷한 목표 의식을 가지고 자발적으로 시작한 일이었음에도 그 시절엔 고된 시련이라 느꼈다.

만약 일이 시련처럼 느껴진다면, 우리는 이 피할 수 없는 시련 앞에서 어떤 태도를 보일 수 있을까? 희망과 절망의 기로에서 당신은 어떤 길을 선택할 것인가?

몰입의 경험이 성장의 발판이 된다

    오늘도 어김없이 생업의 현장에 나와 있는 소시민으로서 그리고 일로 인해 괴로워하는 사람들의 고충을 숱하게 들어온 상담자로서, 나는 일에 대해 많이 고민해 왔다. 어떻게 하면 조금이라도 더 일을 즐겁게 할 수 있을까? 아니, 즐거움은 고사하고 어떻게 해야 일터에서의 괴로움을 한 스푼이라도 덜 수 있을까? 나는 그간의 고민을 정리하던 중 한 심리학자의 이론에서 힌트를 얻었다.

일에서 아무 의미도 찾지 못한 사람, 일터를 지옥처럼 느끼는 사람은 자기가 하는 일에 온전히 집중하기 어려운 상태가 된다. 불안, 긴장, 지루함과 같이 부정적이고 혼란스러운 느낌으로 마음이 어지럽혀지기 때문이다. 미하이 칙센트미하이는 이러한 심리적 엔트로피, 즉 심리적 무질서 상태에서 벗어날 방안으로 몰입(flow)의 중요성을 강조하였다.

그가 말하는 몰입은 어떠한 일에 완전히 빠져드는 느낌, 의식이 경험으로 꽉 차 있는 듯한 느낌을 포함한다. 하지만 몰입의 순간은 사랑에 빠지는 것처럼 달콤하기만 한 건 아니다. 작품에 몰입한 무용수가 느끼는 황홀경에는 발바닥의 물집과 허벅지 근육에서 오는 타는 듯한 통증도 포함된다. 그럼에도 모든 몰입은 시간이 빨리 흐르는 것처럼 느끼게 만든다는 공통점을 지닌다. 일터에 머무는 1분 1초가 괴로운 사람에게는 희소식이 아닐 수 없다. 게다가 병리적인 중독이 아닌 이상, 대부분의 몰입은 개인의 성장을 돕는다.

일하면서 몰입을 경험하는 사람은 그렇지 않은 사람에 비해 더 나은 성취를 이룰 가능성이 높다. 그 과정에서 보람, 자기 효능감, 자부심과 같은 심리적 자원이 풍성해질 뿐 아니라 연봉 인상, 성과급, 승진과 같은 실질적인 보상을 얻을 기회도 많아진다. 그리고 이것이 인생을 살아가는 데 큰 힘이 된다.

몰입은 어떨 때 일어날까? 두 가지 요소, 즉 과제의 난이도와 실력의 높고 낮음으로 구성된다. 과제의 난이도가 높고 그것을 수행하는 사람의 실력도 높은 경우 몰입 상태를 경험할 수 있다. 같은 일을 반복하다 보면 흔히 타성에 젖곤 하는데, 이때 느끼는 권태는 과제는 쉬우면서 실력은 어중간할 때 나타난다고 한다. "일이 지겹다"라는 말을 입에 달고 산다면 한번쯤 과제의 속성과 자기 실력에 대해서 곰곰이 생각해 볼 필요가 있다. 두 가지 요소와 더불어서 명확한 목표도 몰입을 끌어내는 것으로 알려져 있다. 목표가 명확하면 무엇을 어떻게 할지 고민할 필요도 없이 바로 일에 착수할 수 있기 때문이다.

이제 이 실용적인 이론을 우리의 일터로 가져와 보자. 몰입을 위한 3단계를 제안한다. 가장 먼저 해야 할 일은 구체적인 단기 목표를 설정하는 것이다. 이 책을 꼼꼼히 읽어온 독자라면 지금쯤 저자가 구체적이고 명확한 것을 상당히 좋아한다는 걸 알게 되었을 것이다. 뜬구름 잡는 이야기는 우리가 밟고 선 땅에서는 별로 효력이 없다. 눈으로 소설을 읽는 일이든 손으로 커피를 제조하는 일이든, 일의 여하를 막론하고 몰입은 구체적인 행동을 통해 실현된다.

이때 머릿속의 목표와 행동 간의 괴리가 작아야 곧바로 행동을 시작할 수 있다. 다시 말해, 읽기만 해도 어떤 행동을 할지 바로 떠오를 만큼 구체적으로 목표를 정해야 한다. 운동선수 집단처럼 행동력이 중요한 곳에서는 매일 구체적인 목표를 제시함으로써 훈련을 진행한다. 아침 일찍 체육관에 모인 선수들에게 "지금부터 훌륭한 선수가 되어 봅시다!"라고 말하는 코치는 없을 것이다. 그보다는 하루에 해내야 할 목표와 할당량을 제시한다. 훈련을 수행하는 동안에는 옆에서 "3개만 더, 4개만 더"와 같이 단기 목표를 제시함으로써 선수의 잠재력을 최대한 끌어올린다. 기억하자. 저 멀리에 있어서 보이지도 않는 흐릿한 목적지보다 당장 손을 뻗어 잡을 수 있는 눈앞의 푯대가 몰입을 끌어낸다. 그다음으로 해야 할 일은 숙달이다.

"우선 몰입부터 되어야 숙달이 될 거 아니오?"

얼른 생각하면 그럴 수 있지만 이론은 다른 관점을 제시한다. 몰입을 위한 두 가지 조건 중 하나는 개인의 실력이다. 따라서 실력이 너무 없거나 어중간하면 몰입 상태에 이르기는 어렵다. 바꿔 생각하면, 개인의 실력을 끌어올려야 몰입 경험에 가까워질 수 있다는 뜻이다. 실력을 평가하는 기준은 일의 종류마다 다양하지만 실력이 향상되는 과정에서 숙달이 일어난다는 데에는 이견이 없으리라 본다. 낯설고 서툴던 일도 집중해서 반복하다 보면 점차 업무가 손에 익고 실수가 줄어들며 속도가 빨라지는 현상을 경험할 수 있다.

일상에서는 몰입 대신 재미나 즐거움과 같은 말을 더 자주 쓴다. 개념적으로 같진 않지만 일의 재미와 즐거움도 실력과 비례하는 측면이 있다. 우리는 재미없는 일을 싫어하는 게 아니라 못하는 일을 싫어한다. 재미는 사람 마음대로 생기게 할 수 없고, 있다가도 언제든 사라질 수 있다. 하지만 실력은 만들 수 있고, 쉽게 사라지지 않는다. 어떤 일이든 입문 단계에서는 일의 즐거움을 발견하기 어렵다. 그 시기에 느끼는 건 금방 증발하고 마는 설렘이나 흥분 정도에 불과하다.

진정한 즐거움은 어느 정도 실력이 쌓였을 때 맛볼 수 있다. 각각의 재료를 조합하여 새로운 맛을 만들어 낼 때, 흩어진 파편들을 모아서 의미 있는 것으로 꿰어 낼 때, 얽히고 설킨 문제를 해결할 때, 미지의 영역을 발견하고 개척할 때, 도움이 필요한 곳에 이바지할 때 우리는 일이 보람 있다고 느낀다. 일의 즐거움은 땅속 깊은 곳에 감춰진 보물과 같다. 두꺼운 지층을 뚫고 보물을 채굴하려면 제대로 된 장비와 실력이 필요하다. 그러려면 무엇보다 제대로 일해야 한다.

장인의 일에는
허무와 냉소가 끼어들 틈이 없다

　　몰입을 위한 마지막 단계는 일의 완성도를 높이는 것이
다. 앞서 소개한 숙달하기가 몰입의 두 요소 중 실력에 초점
을 두었다면 완성도는 과제의 난이도와 관련이 있다. 실력
에 비해 과제의 난이도가 낮으면 느긋하게 일할 수는 있어도
일에 빠져들지는 못한다. 느긋한 것도 나쁘진 않지만, 그런
상태에만 오랫동안 머문다면 발전은 포기해야 한다. 현실에
서는 자기 마음대로 과제를 선택할 수 없을 때가 많다. 대
부분 자신에게 주어진 일을 할 뿐이다. 처음에는 도전적으
로 임하던 일들도 점차 익숙해지면서 따분해진다. 이렇게

과제의 난이도를 뜻대로 조정할 수 없을 때는 같은 일을 하더라도 완성도를 높여 가면서 몰입을 도모할 수 있다.

심리 전문가 자격을 취득하기 위해서는, 1급 기준 석사 졸업 후 국가가 지정한 병원에서 3년 이상의 수련을 거쳐야 한다. 수련 기관마다 차이가 있긴 하지만 평균적으로 수련생들은 주 4회, 한 사례당 서너 시간에 걸쳐서 종합 심리 평가를 진행하고 보고서를 쓴다. 수련생 때는 보고서 한 편을 완성하기까지 검사 시간의 두세 배를 꼬박 들여야 했다. 그 뒤로는 보고서에 대해 수퍼비전이 이루어지는데, 눈물이 쏙 빠지도록 혼나고 싶지 않으면 엄청나게 노력해야 한다. 옛 기억이라 과장된 측면도 없진 않겠지만 아무튼 저 시절에 새벽 3시 기상이 무척 흔했던 것만은 똑똑히 기억난다.

강제 미라클 모닝으로 고통받던 와중에도 사람의 적응력은 어찌나 놀라운지, 처음에는 어렵게만 느껴지던 업무가 서서히 편해지더니 마침내 지루해지는 지경에 이르렀다. 그새 권태기가 온 것이다. 그러던 어느 날, 수퍼바이저 선생님의 말씀 덕분에 일상에 내려앉은 권태를 털어 낼 수 있었다.

"보고서에는 수검자의 간지러운 곳을 긁어 주는 내용이 들어가야 해."

그때부터는 누가 시키지 않아도 나름대로 보고서의 완성도를 높이기 위한 노력을 했던 것 같다. 단순히 결괏값을 나열하는 것 말고, 누구나 할 수 있는 말들로 양을 불리는 것 말고, 수검자가 오랫동안 끙끙 앓았던 문제와 어렴풋이 짐작만 했을 뿐 확신할 수 없던 사실들을 밝히기 위해 집중했다. 표현 하나하나에도 좀 더 주의를 기울였다. 보고서 쓰기에 몰입하는 순간에는 일에서 오는 괴로움도 잠시 잊을 수 있었다. 그런 노력이 누군가에게 꼭 필요한 도움으로 발전했을 때는 더할 나위 없는 보람을 느꼈다.

몰입을 통해 성장을 이룬 이들은 나를 제외하고도 여럿이었다. 출중한 실력을 지닌 나의 동료 또한 아주 사소한 영역에서도 완성도를 높이기 위해 노력을 아끼지 않았다. 보통 보고서 첫머리에는 수검자의 외적인 특성과 행동 관찰 결과를 기록하는 검사 태도 항목이 들어가는데, 그 동료가 쓰는 검사 태도를 읽으면 마치 살아 움직이는 이미지를 보는 것처럼 생생해서 우리끼리 '검사 태도 장인'이라고 부르곤 했다. 매사에 장인 정신으로 임하던 그 동료는 지금도 현장에서 탁월한 역량을 발휘하고 있다.

물론 우리의 수련 생활이 이렇게 멋있기만 했던 건 아니다. 어처구니없는 실수도 많이 하고 철없이 행동하던 때도 있었다. 하지만 몰입의 순간마다 배움과 성장이 집약적으로 이루어졌던 것만큼은 분명하다. 시간이 흘렀어도 그때의 경험은 여전히 값진 것으로 남아 있다.

우리는 세상 곳곳에서 장인을 발견할 수 있다. 얼마 전에 종영한 요리 경연 프로그램에는 예술의 경지에 오른 장인들이 대거 등장했다. 그들이 펼치는 기술의 향연은 보는 이로 하여금 희열과 존경심을 자아냈다. 장인은 스스로 자신의 쓸모를 만들어 간다. 장인의 작품은 비단 그의 인생뿐 아니라 다른 이들의 삶까지도 윤택하게 한다. 장인은 시련마 저도 아름다운 작품으로 빚어낸다. 촘촘히 엮인 그의 일에 는 허무와 냉소가 끼어들 틈이 없다.

마침을 통해서만 얻을 수 있는 것들

시작을 망설이는 이들에게 건네는 조언은 많다. 조금은 생소하겠지만 나는 마침을 망설이는 사람들에게 한마디 건네려 한다. 이것은 일이라는 하드웨어에 대한 마지막 메시지이자, 이 책에 대한 끝맺음이기도 하다. 유리처럼 약한 멘탈에서 단단한 멘탈로 거듭나기 위한 마지막 관문이다.

시작한 일을 마쳐야 하는 이유는 분명하다. 마침을 통해 얻을 수 있는 이득이 많기 때문이다. 시작과 끝 사이에는 과정이 있다. 우리는 모두 그 과정이라는 길을 달리는 중이다. 끝맺음이라는 목적이 분명한 사람은 나아가는 방향 또한 분명하다. 그는 좌절이 오더라도 그것을 견뎌 내려는 마음의 태도를 취하게 된다. 이것을 심리학에서는 '좌절 인내력'이라고 부른다. 3장에서 잠시 언급했지만 이 능력은 아주 어려서부터 일이 뜻대로 되지 않았을 때 또는 실패했을 때 거기서 오는 불편감과 좌절감을 마주하고 견뎌 내면서 발달한다. 좌절 인내력이 발달한 사람은 아무리 고된 일도, 아무리 지루한 일도 참아 낼 수 있다. 하지만 좌절 인내력이 없으면 무언가 시작은 하더라도 절대 끝마칠 수 없다.

그 밖에도 마침을 통해서만 얻을 수 있는 고급 기술들이 있다. 회사에서 상품 하나를 기획한다고 가정해 보자. 먼저 아이디어를 모으고, 기획의 방향이 정해지면 관련 부서에 협업을 요청할 것이다. 고객들의 의사를 반영하기 위해 설문조사도 시행한다. 상품의 윤곽이 그려지면 몇 번의 검증과 피드백을 거쳐서 상품의 완성도를 높여갈 것이다. 마침내 상품이 출시된 이후에는 후속작업이 있다. 고객의 만족도, 제품 하자, 수리 현황 등을 자세히 파악하여 그다음 상품을 기획하는 밑거름으로 삼는다. 이처럼 일을 시작하고 마무리하기까지 펼쳐지는 모든 단계에는 나름의 기술과 경험이 농축되어 있는데, 마침이라는 뚜렷한 목표를 갖고 전진하는 사람만이 그 모든 배움의 기회를 붙잡을 수 있다.

마침을 통해 얻을 수 있는 또 한 가지는 책임감이다. 책임감은 이미 이 책 전반에서 다루어 왔지만 한 번 더 강조하더라도 전혀 지나치지 않다. 책임감은 단순히 성실한 사회인이 되고 말고를 결정짓는 요소가 아니다. 로고테라피에서는 책임감을 인간이란 존재의 본질로 본다. 오직 자기 삶을 책임지는 데서 존재의 의미를 파악할 수 있다는 것이다. 삶의 의미는 깊은 산골짜기에 들어가 상념에 잠긴다고 찾을 수 있는 것이 아니다. 손에 삽을 쥐고, 흙을 묻히며, 밭을 일굴 때 우리는 삶의 의미를 발견할 수 있다. 다시 말해 일하지 않고 경험하지 않으면 결코 삶의 의미를 발견할 수 없다. 그리고 책임감을 훈련하는 가장 확실한 방법은 시작한 일을 마치는 것이다.

어려서 시작된 마침 훈련은 나이가 들수록 빛을 발한다. 젊어서 일을 잘 마무리 짓는 사람은 어디서든 인정을 받고 수많은 기회를 거머쥔다. 그러다 머리가 희끗희끗해지면 마침의 가치는 정점에 달한다.

발달 심리학자 에릭 에릭슨은 인간의 발달이 어린 시절에만 국한되지 않고 전 생애에 걸쳐서 나타난다고 보고, 총 여덟 개의 발달 단계와 각 단계에서 수행해야 할 과업들을 제시하였다. 그중 삶의 끝자락인 노년기에는 이제껏 살아온 인생을 돌아보는 작업을 하게 된다. 그간 자신이 걸어온 삶의 자취에서 이렇다 할 의미나 성공 경험을 찾지 못하면 절망감에 빠져들 수 있다. 반면에 차곡차곡 쌓아 온 경험들과 그 속에서 발견한 의미가 탄탄히 자리 잡고 있으면 인생을 통합하고 수용할 수 있다.

죽음을 앞두고 돌아봤을 때 당신의 인생은 어떤 모습을 하고 있을까? 시작은 했지만 흐지부지되고 만 일들로 구멍이 숭숭 나 있다면 당신은 그 구멍들을 어떤 말로 설명할 텐가? 아니면 경험으로 충만한 삶을 돌아보며 참으로 잘 살았노라 말할 수 있을까? 당신의 인생은 연속성 없는 파편들의 나열일까, 아니면 한 편의 잘 짜인 이야기일까? 그 이야기는 당신의 존재를 입증할 분명한 증거이자, 후대에 물려줄 정신적 유산이기도 하다. 호흡은 멈추어도 이야기는 지속된다.

그러므로 우리는 전심을 다해서 하던 일을 마쳐야 한다. 물론 시시때때로 그만두고 싶게 만드는 유혹들이 도처에 널려 있다. 나태함, 나약함, 끈기 부족, 영양가 없는 잔소리 등… 회피하고 도망가 버리고 싶어진다. 살다 보면 예기치 않은 사건이 터지기도 한다. 무리한 탓에 몸이 아플 수도 있고 인력으로 막아설 수 없는 재앙이 발생하기도 한다.

해결되지 않은 감정으로 얼룩진 기억은 인생의 앨범에 오를 수 없다. 하지만 피치 못할 사정으로 중도에 일을 멈춰야 할 때도 책임감을 발휘하여 최선의 끝맺음을 짓는다면, 그 이야기는 번듯하게 앨범 속 한 자리를 차지한다. 일을 마무리한다는 것이 반드시 퇴사나 이직 없이 한 직장을 오래

다니라는 뜻은 아니다. 지쳐 쓰러질 때까지 미련하게 버티라는 말도 아니다. 다만 책임감을 가지고 시작한 일을 마무리하기 위해 애쓰기를 바란다.

이것은 내가 존경하는 스승에게서 줄곧 들어온 교훈이기도 하다.

"마치십시오."

우리 모두 시작한 일을 마치자. 시작된 인생을 멋지게 마무리하자. 생명은 생이라는 명령이다. 생이라는 명을 받은 우리가 해야 할 일은 삶을 완주하는 것이다. 아직도 계속할지 말지 고민하고 있다면 용기 내 계속하는 쪽을 선택하길 바란다. 나쁜 짓이 아니라면 무엇이든 괜찮다. 마침표를 찍을 때까지 당신의 일을, 당신의 삶을 완주하길 바란다.

당신은 혼자가 아니다. 같은 마음으로 생의 길을 걸어가는 사람들이 있다. 그러니 포기하지 말고 씩씩하게, 의젓하게, 맡은 일을 마무리 짓자. 마침표가 찍힌 자리를 따라 당신의 인생은 궤적을 남길 것이다. 그 작은 점들이 모여 그릴 아름다운 작품을 기대하자.

유리 멘탈을 위한
마음의 기술

초판 발행   2025년 5월 23일

지은이   권예진
펴낸곳   다른상상
등록번호   제399-2018-000014호
전화   02)3661-5964
팩스   02)6008-5964
전자우편   darunsangsang@naver.com
ISBN   979-11-93808-29-0 03190

독자 여러분의 책에 관한 아이디어나 원고 투고를 설레는 마음으로 기다리고 있습니다.
이메일로 간단한 개요와 취지, 연락처를 보내주세요. 독자님과 함께하겠습니다.